KB049580

하루 30분의 힘

ⓒ 김범준, 2017

이 책의 저작권은 저자에게 있습니다.
저작권법에 의해 보호를 받는 저작물이므로
저자의 허락 없이 무단 전재와 복제를 금합니다.

당신의 미래를 바꾸는
기적의 시간 사용법

하루
30분의
힘

김범준 지음

비즈니스북스

하루 30분의 힘

1판 1쇄 발행 2017년 4월 20일
1판 7쇄 발행 2023년 11월 24일

지은이 | 김범준
발행인 | 홍영태
편집인 | 김미란
발행처 | (주)비즈니스북스
등 록 | 제2000-000225호(2000년 2월 28일)
주 소 | 03991 서울시 마포구 월드컵북로6길 3 이노베이스빌딩 7층
전 화 | (02)338-9449
팩 스 | (02)338-6543
대표메일 | bb@businessbooks.co.kr
홈페이지 | http://www.businessbooks.co.kr
블로그 | http://blog.naver.com/biz_books
페이스북 | thebizbooks
ISBN 979-11-86805-63-3   03190

* 잘못된 책은 구입하신 서점에서 바꾸어 드립니다.
* 책값은 뒤표지에 있습니다.
* 비즈니스북스에 대한 더 많은 정보가 필요하신 분은 홈페이지를 방문해 주시기 바랍니다.

비즈니스북스는 독자 여러분의 소중한 아이디어와 원고 투고를 기다리고 있습니다.
원고가 있으신 분은 ms1@businessbooks.co.kr로 간단한 개요와 취지, 연락처 등을 보내 주세요.

거리낌 없이 시간을 낭비하는 사람은
아직 삶의 가치를 발견하지 못한 사람이다.

– 찰스 다윈

내 삶을 뒤흔든 작은 변화

입버릇처럼 시간이 없다고, 바쁘다고 말해 왔다. '시간 있으면 같이 ○○ 하자'고 누군가 물을 때마다 나는 그렇게 대답했다. 지금은 공부를 할 시간도 친구를 만날 시간도 운동할 시간도 심지어 여행 갈 시간도 항상 있다고 말한다. 그러면 친구들은 미친놈 보듯 나를 본다. 하지만 정말이다.

그렇다고 한가하게 혹은 대충 사는 것도 아니다. 회사에서는 나름대로 성과를 내는 조직의 구성원이고, 대학원에서는 코칭과 리더십 등에 대해 논문을 준비하는 학생이기도 하며, 1년에 한 권씩 책을 내는 저자다. 또 비즈니스 커뮤니케이션에 관해 짬을 내어 특강을 하는 강연자이기도 하다. 그리고 가장 중요한, 나는 아내와 세 아이를 둔 가장이다.

어떻게 그렇게 다양한 분야에서 활동하고 성과를 낼 수 있느냐고? 비결은 단 하나, '시간'이다. 나는 그저 남들보다 시간을 '잘' 쓰고 있을 뿐이다.

제대로 시간을 써본 적이 있는가

우리는 시간을 주도적으로 사용해 본 적이 없다. 그저 출근해야 하니까, 일해야 하니까, 공부해야 하니까 등 외부 조건에 의해 시간을 사용해 왔다. 거기에만 익숙하다. 늘 바빴던 이유도 여기에 있다. 외부에 의해 시간을 보내지 않아도 되는 '바쁘지 않은 시간'을 생각해 보라. 출근길, 퇴근길, 쉬는 시간, 주말 등 그 시간들을 우리는 어떻게 보내고 있었는가. 그 시간을 어떻게 보내야 할지 몰라서 스마트폰으로 게임을 하고 연예기사를 보거나 잡담을 하거나 TV를 보면서 시간을 보냈다. 그 시간들은 무엇을 위한 시간이었을까? 연예 기사를 보고 게임을 하면서 나의 무엇이 달라졌을까? 달라졌다고 해도 긍정적이거나 발전적인 방향은 아니었을 것이다.

무심코 흘려보냈던 시간을 어떻게 보내느냐가 우리를 '바쁘지 않게' 만들어 준다. 그리고 버려지고 있던 그 시간을 찾아 잘 보내기 위해서는 주도적으로 시간을 사용하는 방법을 알아야 한다. 시간에 쫓기지 말고 지지 말아야 한다. 내 시간을 온전히 내가 사용하고 컨트롤하는 것, 진정 자신을 사랑하는 사람으로서 자신을 성장시키고 싶은 사람으로서 기억해야 할 원칙이다.

쉬우니까 시작했다

다행스러운 것은 시간을 주도적으로 사용하는 일에 많은 노력이 필요하지 않다는 사실이다. 다만 짧은 시간이라도 진정으로 나를 위해, 나의 성장을 위해 사용하기만 하면 된다. 나는 단 30분의 시간으로 시작했다. 시작이 쉽고 간단할수록 지속성을 높인다. 아주 작은 시간이라도 나 자신의 성장을 위해 의식적으로 통제해 사용하면 300분, 300일, 나아가 인생을 지배할 수 있다. 그러면 누구든 자신의 삶을 180도 바꿀 수 있다. 사실 그렇지 않은가. 원하는 인생을 살고 싶다고 하면서 하루 30분도 주도적으로 사용할 수 없다면 말이 되지 않는다.

이 책에서 나는 10분, 30분 등 나를 채우는 시간을 어떻게 보냈는지 그것으로 무엇을 이뤘고 무엇이 바뀌었는지 이야기할 것이다. 너무 사소한 이야기들이라 '별 거 아니네?'라고 말하는 사람도 있을 것이다. 무엇을 하든 크고 작은 경험이 많을수록 요령이 생기는 법이다. 여기 담긴 나의 크고 작은 성공이 이 책을 선택한 사람들에게 도움이 되리라 생각한다. 조금은 부끄럽지만 용기를 내 나의 이야기를 공개한다.

돌이켜 보면 시간을 소중하게 여기면서 만들어 낸 작은 성공들이 쌓여 지금의 나 그리고 이 책이 만들어진 것 같다. 그래서 말할 수 있다. 아주 사소한 시간이라도 흘려보내지 않고 진정 나를 위해 보내는 일, 그 작은 성공의 경험이 삶과 미래를 바꾼다! 이제 당신이 경험할 차례다.

차례

제1장

인생을 바꾸는 데
30분이면 충분하다

30 minutes

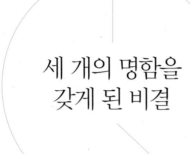

세 개의 명함을
갖게 된 비결

나는 회사에서 전략부와 사업부를 거쳐 지금은 영업부에서 근무 중인 직장인이다. 또한 오랜 경력을 바탕으로 커뮤니케이션과 리더십, 코칭을 주제로 강의하는 강연자이기도 하다. 관련 저서를 일곱 권이나 출간한 저자이기도 하고 최근에는 코칭과 리더십을 보다 긴밀하게 연구하고 싶어 학업을 다시 시작한 대학원생이기도 하다.

가까운 사람들은 나를 만날 때마다 물어본다. 한 가지도 아니고 '여러 가지'를 할 수 있는 비결이 뭐냐고. 나만의 방법이 있긴 있다.

그러나 어렵거나 특별한 것은 아니다. 모두 생각하고 있지만 실천하지 않는 것, 나는 그것을 실천할 뿐이다. 바로 '시간을 잘 쓰는 것'이다. 매번 이렇게 답하면 물어 온 사람은 별 거 없네, 라는 반응을 보이면서 의심스러운 눈초리로 이렇게 덧붙인다.

'하기는 이것저것 다 하는데 제대로 해내는 건 없는 거 아니야?'

아니다, 전혀 그렇지 않다.

시간을 잘 쓴다는 것 = 자신을 위해 시간을 보내는 것

나는 인사고과 점수도 높고 회사에서도 인정받고 있다. 조직문화, 리더십, 커뮤니케이션 등의 강연도 꾸준히 할 정도로 인기가 좋다. 대학원 성적도 한 과목 빼고는 모두 A+일 정도로 우수하다. 나와 함께 일한 동료, 출판 관계자, 강연 주최 측 모두 '진정한 프로페셔널'이라고 내게 말해 준다. 나 스스로도 부끄럽지 않게 최선을 다해 살고 있다고 당당히 말할 수 있다. 이렇게 쓰고 나니 자화자찬을 넘어 '자뻑'인 것 같이 느껴져 얼굴이 화끈거린다. 그렇지만 모두 있는 그대로 사실이다.

그런데 어떻게 해서 그 모든 일을 할 수 있게 된 걸까? 예전의 나는 분명 이렇지 않았다. 그저 나는 생활습관 하나를 바꿨을 뿐이다. 나는 TV를 보거나 SNS를 뒤지면서 시간을 보내지 않는다. 대신 '온전히 나 자신을 위한 시간'을 보낸다. 그 이야기를 이제부터 자세히 해보려 한다.

　나 자신을 위한 시간이라고 하면 으레 사람들은 휴식, 나 자신을 충전하는 시간, 어디에도 구속받지 않는 시간 등을 떠올린다. 맞다. 나를 위한 시간이란 바로 그런 시간이다. 하지만 '당신 자신을 위해 어떻게 시간을 보내고 있나요?'라고 구체적으로 대답을 요구하면 선뜻 대답하는 사람이 많지 않다. TV를 보면서 휴식을 취한다, 그냥 누워 있는다, 포켓몬을 잡는다, 드라마 〈도깨비〉를 본다, 이런 정도 다. 하지만 생각해 보라. 그런 행동이 정말 나를 위해 보내는 시간이라고 할 수 있을까?

　불행한 삶을 살고 싶은 사람은 아무도 없다. 사람이라면 누구나 행복한 삶을 원한다. 그런데 행복한 삶이란 대체 무엇일까? 어제보다 오늘이 기대되고 오늘보다 내일이 기대되는 삶이다. 이는 자기 자신의 성장이 가능할 때 그리고 그 모습이 실제로 느껴질 때 얻어지는 결과물이다. 성장을 위해서는 지식과 지혜의 충전이 필요하다. 그렇게 자신을 채우면서 성장을 위해 시간을 보내는 것, 진정으로 나를 위한 시간이란 바로 이런 시간이다.

'시간이 없어'와 '할 게 없어'

돌이켜 보면 예전의 나는 참 이상했다. '나를 위해 최소 30분씩 시간 보내기'를 실천하기 전에는 이런 말을 입버릇처럼 하고 다녔다.

'시간이 없어.'

아침에는 회사에 출근만 해도 바빴다. 오후에는 보고서 정리하고 고객 미팅을 하느라, 저녁에는 미처 다하지 못한 자잘한 업무를 마치느라…. 그때는 정말 그렇다고 생각했다. 운동을 해야 한다거나 책을 읽어야 한다는 충고에, 하다못해 모임에 가자거나 인기 작가의 강연회에 가자는 권유에 나는 늘 그렇게 대답했다. 그리고 입버릇처럼 하는 말이 하나 더 있었다.

'할 게 없어.'

그렇다. 시간이 없기도 했지만 잠깐이라도 짬이 난다 싶은 시간에 마땅히 할 게 없었다. 그래서 친구를 만나 맥주 한 잔을 마시거나 스마트폰으로 야구 관련 영상을 보거나 게임을 했다. 생각해 보면 아이러니도 이런 아이러니가 없다. 일하는 시간이 아닌 또 다른 시간이 분명 있었다. 보통 8시면 퇴근했으니 저녁에 집에서 보내는 시간, 별 다른 행동 없이 지하철에 서 있는 출퇴근 시간 그리고 주말 시간까지 운동하고 공부하고 책을 읽을 시간은 충분했다. 할 일도 분명 있었다. 영업을 맡고 있는 직장인이자 세 아이의 아빠, 한 여자의 남편, 한 가정의 가장으로 해야 할 일, 덧붙여 더 나은 미래를 준비하기 위해 해야 할 일이 많이 있었다.

그런데도 나는 시간이 없다고 했다. 할 게 없다고 했다.

미래를 위해 하루 30분만 투자하라

마음만 먹으면 나를 위한 시간은 얼마든지 낼 수 있다는 것을 지금은 안다. 그 시간은 길지 않아도 된다. 단 30분만으로도 충분하다. 그러니 직장에 다니는 것, 학교에 다니는 것, 아이를 돌보는 것만으로도 너무 바쁘다고 이 책을 제쳐 두지 않길 바란다. 누구에게나 시간은 똑같이 주어진다. 시간은 만들어 낼 수 없다. 그러나 시간을 사용하는 방법은 바꿀 수 있다. 그리고 시간은 단순히 얼마나 많이 투자하는가가 아니라 정확한 목적에 얼마나 맞게 쓰고 있는가가 그 효과를 좌우한다.

내가 영업부 부장이면서 강연자, 저자, 대학원생으로 활약할 수 있는 비결이 바로 여기에 있다. 아주 적은 시간이라도 매일 나와 가족, 미래를 위해 투자하면 원하는 바를 모두 이룰 수 있다.

이 모든 시작은 우연한 깨달음에서 시작됐다.

잃어버린 시간을
발견하다

'우연'偶然, 아무런 인과관계 없이 뜻하지 않게 일어난 일을 의미한다. 그런 일은 하루에도 수십 번이라 특별하지 않다면 기억에 잘 남지 않는다. 하지만 분명 인생에서 결정적인 몇 번의 순간은 자신이 의도하지 않은 우연에서 시작하곤 한다.

내게는 3년 전 출근길이 그랬다. 그 일이 있기 전까지 나는 말 그대로 지극히 평범한 사람 그 자체였다. 아침에 일어나면 회사에 갔고 저녁이 되면 집으로 돌아왔다. 시간이 있으면 아이와 시간을 보냈고 TV를 봤다. 누군가는 평범하게 사는 것이 좋은 거라고 했다. 그러나 나는 사실 다른 것을 바라고 있었다. 좀 더 멋진, 좀 더 만족스러운, 좀 더 특별한 삶을 살고 싶었다.

변화가 필요했다

바람은 오래되었지만 어디서부터 어떻게 해야 할지 몰랐다. 언젠가 회사에서 큰 성과를 내고 싶어 야근은 물론 주말 특근까지 열심히 매달린 적도 있었다. 그러나 어째서인지 노력하는 모습도 그에 따른 결과도 인정받지 못하고 '딱 중간인 사람'으로 인식될 뿐이었다. 친구들 사이에선 만날 시간조차 없는 바쁜 사람으로 통했지만 실제로 왜 바쁜지 스스로도 이해할 수 없었다. 늘 피곤해 보인다는 이야기를 들을 정도로 종일 노력은 하고 있는데 어째서인지 늘 '그저 그렇다' 는 평가를 받고 있었다.

반전이 필요했다.

그저 그런 삶에 극적인 변화를 주고 싶어 대학원에 진학했다. '인간적으로도 직장인으로도 성장하고 싶다', '강점은 살리고 취약점은 보강해 업무도 인정받고 싶다', '새로운 인생을 위한 장기 플랜이 필요하다' 오래도록 갖고 있던 산발적인 고민을 아우를 방법이 당시엔 대학원밖에 생각나지 않았다. 공부를 하다 보면 적어도 '무엇을 해야 할지 모르겠어'라는 신세한탄은 하지 않을 것이라고 생각했다.

처음엔 좋았다. 새로운 사람을 만난다는 것 자체가 큰 자극이었다. 그런데 얼마 지나지 않아 문제가 생겼다. 일과 학업을 병행하는 것이 쉽지 않았던 것이다. 직장은 내 삶을 지탱하는 중요한 곳이니 최선을 다해야 했다. 문제는 집이었다. 가정에 아예 무심할 수도 없으니 최소한의 노력이라도 해야 했다. 그러나 대학원에 출석하고 또 공부할 수 있는 시간은 주말밖에 없으니 매번 아내와 아이에게 미안한 소리를 하게 되었다. 실제로 아내와 아이하고 얘기할 시간도 없었다. 생활이 점점 엉망이 되어 갔다. 그야말로 죽도 밥도 안 되는 '그저 그런'의 최절정이었다.

엎친 데 덮친 격으로 논문 자격시험을 봐야 한다는 대학원 공지가 올라왔다. 입학 때 영어 시험을 별도로 보지 않아서 특별히 대학원 생활에 영어가 필요할 거라고 생각하지 않았다. 영어로 진행하거나 영어 원서를 주교재로 사용하는 강의는 피하면 그만이었다. 그런데 졸업을 하려면 논문 자격시험을 치러야 한다. 그중 하나가 영어 시험이었다. '영어 공부를 해본 게 언제였지?' 암담해졌다. 같은 수업을 듣는 친구가 시험 대비 자료를 보여 줬다. 두께만 봐도 쉽지 않겠다 싶었다. '이 나이에 공부를 하겠다는 건 욕심이었나?' 심란했다. 시작은 했으나 여전히 '뭘 어디서부터 어떻게 해야 하는 걸까?' 라는 의문은 해결되지 않았다.

뜻밖의 깨달음

그날은 늦게까지 유튜브에서 UFC 영상을 돌려 보느라 새벽 내내 잠을 설친 다음 날이었다. 정신없이 집을 나왔다. 아뿔싸, 퇴근 후에 공부할 영어 자료를 들고 나왔어야 했는데…! 냅다 다시 집으로 돌아가 자료를 손에 들고 나왔다. 다시 지하철역으로 질주해 막 도착한 열차에 뛰어올랐다. 휴, 다행이다. 숨을 고르며 열차 기둥에 섰다. 평소 같으면 휴대폰을 켜고 연예 뉴스를 보거나 가입한 카페의 최신 게시물을 봤을 것이다. 그런데 그날은 어쩐 일인지 손에 쥐고 있던 영어 자료가 의식됐다.

'무얼 공부해야 할지 훑어나 볼까?'

그렇게 30분이 흘렀다. 훑어볼 부분을 딱 보고 나니 열차는 내가 내려야 하는 지하철역에 도착해 있었다. 신기한 일이었다. '사람이 정말 궁하면 통한다더니' 영어 시험의 압박이 바로 코앞까지 오자 30분의 시간에 완전히 몰입할 수 있었다.

30분 동안 오늘 공부해야 하는 분량 전체를 빠르게 읽으면서 핵심 내용을 눈에 익혔다. 지하철 문이 열리고 닫힐 때마다 해당 챕터의 중요 부분과 찾아봐야 할 단어들을 체크했다. 다시 봐야 할 것 같은 곳은 책 끄트머리를 접어 표시했다. 분량이 적지 않은데도 처음부터 끝까지 한 번 훑고 나니 무엇을 중심으로 공부해야 할지, 어떤 순서로 해야 할지가 머릿속에 그려졌다. 그리고 할 만하다는 자신감이 생겼다.

시험까지는 아직 한 달 정도 남은 시간. 이렇게 출퇴근 시간 20~30분만 잘 활용하면 문제 없이 시험 공부를 할 수 있을 것 같았다. 자투리 시간에는 전체적인 윤곽을 보면서 정리하고 어느 정도 확보된 시간에는 차분히 정리만 하면 되겠다는 생각이 들었다.

그 생각을 굳힌 것은 '계획했던 퇴근 후 공부'를 하면서였다. 나는 퇴근 후 집 앞 카페에 들러 그날 아침부터 작정했던 공부를 했다. 아침에 공부할 부분을 한 번 훑었기 때문일까, 퇴근 후 공부가 훨씬 수월하다는 사실을 깨달았다. 특히나 언어의 경우 반복학습이 중요하기 때문에 아침에 한 번 보고 저녁에 또 한 번 보게 되면 기억에 잘 남을 수밖에 없다.

자투리 시간에 대략적인 내용을 살펴본 후 저녁에 다시 공부할 때는 이해가 잘 안 되는 부분을 집중적으로 보니 자연스레 시간도 절약됐다. 이런 식으로 공부한다면 잠자는 시간을 줄이지 않아도 되고 아내와 아이들에게 미안한 소리도 할 일 없이 목표를 이룰 수 있겠다는 확신이 들었다. 그렇게 지내기를 한 달, 영어 시험을 치렀고 당당하게 '통과'의 결과를 얻었다.

'자투리 시간 사용하기'는 사실 많은 사람들이 알고 있는 방법이다. 또 많이 활용하는 방법이다. 직장과 학업을 병행하는 사람은 물론이고 공무원 시험이나 각종 고시를 준비하는 사람들도 이런 방법의 중요성을 모두 안다. 그런데 막상 해보면 이 시간을 잘 활용하는 것이 그리 쉽지 않다는 사실을 깨닫는다. 사람은 원래 서면 앉고 싶고, 앉으면 눕고 싶어 하는 존재다. 늘 편하고 쉬운 방법을 찾는다. 그런데 이렇게 자투리 시간을 활용하는 일은 마음을 단단히 먹고 공부에 임하는 시간과 달라서 훨씬 더 굳은 결심과 의지가 필요하다. 책상 앞에 앉아 '공부하자'고 마음먹으면 집중력이 떨어질 때도 있지만 어쨌거나 공부는 하기 마련이다. 그러나 출근길이나 퇴근길, 하루의 중간 중간 짬이 나는 시간은 공부를 해도 되고 안 해도 되는 시간이다. 그 시간에 공부를 하겠다고 마음을 먹고 그 의지대로 실행하는 것은 뭔가 꼭 해야 하는 목표(예를 들어 이번 영어 시험에 통과하지 못하면 한 학기치 등록금을 또[!] 내야 한다는 자금의 압박을 받는 나처럼)나 절실함이 있어야 가능하다. 자의 반 타의 반으로 직장생활을 하는 나로서는 공부할 시간이 자투리 시간밖에 없었다. 그래서 그 시간을 최대한 활용하다 보니 좋은 결과를 얻을 수 있었다.

영어 시험을 통과한 후 뿌듯한 마음으로 차를 마시다가 문득 이런 생각이 들었다.

'앞으로 자투리 시간들을 이런 식으로 사용할 수 있지 않을까?'

사실 영어공부를 하면서 왠지 하루를 굉장히 알차게 보내는 것 같은 뿌듯함이 들었다. 출근길에 단어를 외우는 것이 그리 녹록치는 않았지만 '열심히 살고 있구나'라는 생각도 들었다. 하루를 끝마치고 잠자리에 들 때면 '오늘 하루도 수고했다'는 마음이 절로 들었다. 그러다가 문득 깨달았다. '아, 그 시간들은 내가 하기로 한 것을 제대로 한 시간이구나. 누군가가 시켜서 하는 일도 아니고 단순히 돈을 벌기 위해서 하는 것도 아니었어. 내가 나의 발전을 위해 하루 24시간 중에 뽑아내고 제대로 활용한 시간이었지. 그래서 기분이 좋은 것이구나.'

바로 이 깨달음이 나를 변화시킨 최초의 시작이었다.

변화를 가져오는
가장 쉬운 방법

변화를 가져오는 방법에는 다음 세 가지가 있다.

시간을 달리 쓰는 것

머무는 곳을 바꾸는 것

새로운 사람을 만나는 것

머무는 곳, 즉 집과 직장 그리고 학교를 바꾸는 일은 다른 조건에 비해 매우 어렵다. 새로운 사람을 만나는 일은 반드시 '상대'가 있어야 하기에 쉽지 않다. 그렇다면 시간을 달리 쓰는 것이 비교적 빠르고 쉽게 시도할 수 있는 일이다.

별 거 아닌 이야기라고 할지도 모르는 '영어 시험 합격'을 굳이 설명한 것은 시간 사용법에 대해 설명하고 싶어서였다. 이 일을 계기로 나는 무심코 흘려보내는 약간의 시간, 하루 중 단 30분의 시간만으로도 생활은 변할 수 있다는 깨달음을 얻었다. 그리고 나 나름대로 '시간 구조조정'을 실시했고 무척 만족스러운 변화를 겪었다. 아울러 '30분'이 계속해서 반복된다면 더 큰 변화를 이룰 수 있다는 확신이 들었다. '한 번뿐인 인생, 더 괜찮게 살 수 있는 방법이 바로 이것이다!'라는 느낌을 받았던 것도 이때쯤이었다.

미팅 10분 전을 장악하라

어떻게 처음 보는 사람과도 대화를 잘 나눌 수 있을까? 주변을 보면 분명 처음 보는 상대인데도 스스럼없이 이야기를 나누고 원하는 말을 척척하며 협상 결과를 지혜롭게 이끌어 내는 사람이 있다. 동료가 그런 사람이라면 부러움과 시새움을 동시에 받고 있을 것이다.

나도 그런 사람을 부러워하는 사람 중 하나다. 처음 회사에 입사해 얼마 있지 않아 영업 부서에 배치됐고 지금도 영업을 담당하고 있다. 그런데 참 신기한 일이 천성이 내성적인 편이고 낯선 사람을 만나는 일을 좋아하지 않는 내가 지금까지 영업사원을 하고 있다는 점이다. 사실 나는 사람을 만나는 것을 좋아하지 않는 정도가 아니라 두려워하는 편이다. 어쨌거나 적성에는 맞지 않았지만 그래서 노력했고 그렇게 시간이 쌓여 지금까지도 영업 업무를 하고 있다. 20년이 넘는 경력에도 누군가를 만나 설득해야 하는 일은 여전히 어렵다. 하면 할수록 부족함을 느낀다.

그래서였을까. 오랫동안 영업사원으로서 일을 했지만 그리 성과가 좋은 편은 아니었다. 열심히 노력했지만 회사에서는 중간 정도의 성과만 올리는 직원이었다. 실제로 인사고과 등급에서도 S, A, B, C, D 중 나의 성과는 평균 'B'였다. 특별히 잘하지도 않지만 또한 못하지도 않는, 나쁘게 말하면 '그저 그런' 구성원이었다.

일에 대한 매너리즘과 고민을 동시에 가지고 있던 어느 날, 한 강의에서 좋은 힌트를 얻었다. 세일즈 관련 교육 강의에서 강사가 이런 말을 했다.

"제가 세일즈를 25년 했고 지금은 강의를 7년째 하고 있습니다. 여러분에게 이렇게 강의를 하고 있지만 제가 세일즈에 대한 최적의 답을 들려드릴 수는 없습니다. 사실 언제, 어디서, 누구를 만나느냐에 따라 최적의 답은 달라지기 때문이죠. 한 가지 고백하자면 저 역시 고객을 만날 때는 여전히 떨린다는 것입니다. 여기서 그걸 극복하기 위한 저만의 방법을 하나 알려드릴까 합니다."

그리고 그는 이렇게 말을 이었다.

"저는 고객을 만나기 전 10분 동안 거울을 봅니다."

강사는 미팅 전에 거울을 보면서 자신의 머리나 표정, 입냄새 등을 확인한다고 했다. 그러면서 고객을 만나 무엇을 이야기할지 세 가지 정도를 머릿속에 떠올린다고 말했다.

'요즘 어떠세요?'

'불편한 것은 없으세요?'

'제가 도와드릴 게 있을까요?'

사실 별거 아닌 요령이었다. 영업사원이라면 고객을 만나기 전에 응당 한 번쯤 생각해 보고 연습해 봐야 하는 질문이다. 그러나 알고 있는 것과 이를 꾸준히 실행하는가는 다른 문제다. 강의를 들으면서 나는 내가 저런 요령을 꾸준히 실천해 봤는지 자문했다. 대답은 '아니오'였다. 그래서 배운 내용을 제대로 따라 해보기로 했다. 많은 노력이 드는 일도 아니다. 10분 정도의 시간, 미팅이 있을 때 그 시간만큼만 일찍 나가면 정례화할 수 있는 방법이었다. 다만 나는 '첫째, 차림새를 점검한다, 둘째, 오늘 반드시 해야 할 이야기 세 가지 준비한다'에 하나를 더 하기로 했다. '셋째, 인사 후 고객에게 할 질문 세 가지'를 준비하는 것이다. 보통 나는 하루에 1~2회, 일주일에 10회 남짓 고객과의 미팅이 있었는데 시험 삼아 딱 2주일만 하기로 했다.

강사는 자신의 상태를 점검할 때 미소를 지어 보고 발성을 하면서 긴장을 푼다고 했다. 나도 처음엔 긴장도 풀고 신뢰감 있는 인상을 주자는 의도로 시작했다. 그런데 차림을 점검하면서 고객을 상대하는 영업인으로 온 내 본분을 다시 생각할 수 있었다.

극명한 효과를 본 것은 고객과의 대화에서였다. 처음 인사 후 고객에게 할 질문은 대화를 이끌어 가는 마중물이 되어 주었다. 어색함이나 불편함도 초반에 조금 덜어 냈다. 그만큼 고객이 자신의 요구사항을 솔직하게 말할 수 있게 분위기를 만들었다. 또한 나 역시 그에 맞춰 응대할 수 있었다. 반드시 말해야 할 것을 준비하자 목표에 맞춰 고객과의 만남을 주도적으로 이끌어 갈 수 있었다.

확실히 미팅 전 잠깐 목표를 되짚는 것만으로도 고객과의 대화 흐름을 분명히 리드할 수 있었다. 그런데 가장 좋았던 것은 이 사소한 준비가 고객을 만나는 어려움을 덜어 주었다는 것이다. 적성에 맞지 않는다는 생각에 오래도록 고객을 만나는 것을 불편해했는데 이제는 고객과의 대화가 전보다 부드러워지면서 나 역시 대화를 편하게 생각할 수 있었다. 미팅에서 되도록 많은 것을 얻거나 전달해야 하는 것이 아니라 중요한 세 가지만 이야기하는 것을 목표로 하니 부담감도 덜 수 있었다.

그 후 인사평가 등급은 어떻게 됐을까? 즉각 바뀌었다고 할 수는 없지만 그해 말, 평가등급 'S'를 받았다. 이전에 'A'도 받지 못했던 것에 비하면 극적인 변화였다. 물론 10분의 준비가 나아진 영업력과 업무 성과를 모두 설명할 순 없을 것이다. 그러나 분명한 것은 내 스스로 느낀 변화가 크다고 말하고 싶다. 이 일로 최소한의 노력으로 나를 바꿀 수 있다는 용기를 얻게 되었다.

'나의 시간'을 찾기 시작한 이유

내가 사용한 시간이 모여 내가 된다

몇 가지 변화를 경험한 후 나는 잠깐이라도 시간이 나면 의식적으로 사용하기 위해 노력했다. 사실 나는 오래도록 '어디서부터 무엇을 해야 할지 모르겠다'는 생각으로 불안했었다. 시간은 계속 흐르는데 우왕좌왕 어찌할 바를 모르는 스스로가 너무 답답했다. 하지만 잠깐의 시간을 잘만 사용하면 변화는 가능하다는 사실을 깨달은 순간,

주저할 게 없었다. 일단 하면 된다. 앞으로 이 책에서 풀어낼 이야기도 그에 관한 것이다.

여기서 잠깐 이야기하면 나는 출근길, 점심시간, 퇴근 후 혼자 있는 시간, 미팅을 위한 이동 시간, 주말 등 10분 이상 1시간 이내의 시간은 전부 계획적으로 사용했다. 그렇게 해서 달성한 것은 앞서 이야기한 논문자격을 얻기 위한 영어 시험부터 대학원 공부, 원고 집필, 강연 및 미팅 준비, 엑셀 익히기 같이 업무와 학업에 관한 것부터 고전 읽기, 신문 읽기, 운동, 명상과 같은 취미에 이르기까지 그 종류가 다양하다.

진짜 강조하고 싶은 것은 '계획적으로' 또는 '의식적으로'라는 부분이다. 내가 되고 싶은 모습을 명확히 상정하라. 그리고 그것을 위해 시간을 정확히 써라.

매시간은 소중하다. 'YOLO'(욜로)라는 말, 들어 봤을 것이다. 'You Only Live Once'의 앞 글자를 딴 약어다. 미국의 버락 오바마 전 대통령이 건강보험 개혁안인 '오바마 케어'의 가입을 독려하며 "YOLO, Man."이라고 말했는데 이는 건강보험 개혁안이 한 번뿐인 인생에 꼭 필요한 정책이라는 의미를 담고 있다. 욜로라고 하면 사실 '현재를 즐기자'는 뜻으로 통용되지만 사실 '한 번뿐인 인생의 소중함'을 의미한다. 즉 시간의 가치를 강조한다고 보는 것이 맞다.

욜로의 진정한 의미는 미래를 위해 현재의 즐거움을 포기하지 말고 즐기라는 것이 아니다. 미래를 위해 현실을 정면으로 마주하면서 현재라는 시간을 충실하게 살아야 한다는 것으로 봐야 한다.

오래할 수 있다

하루에 1시간 이상 시간을 따로 빼는 일은 생각보다 쉽지 않다. 어학원만 해도 그렇다. 수업은 1시간 정도의 시간이지만 오가는 시간을 생각해 보자. 아무리 못해도 2시간을 따로 내야 하고 직장인이라면 업무 시간을 피해서, 학생이라면 수업 시간을 피해야 한다. 일도 공부도 항상 제시간에 끝난다면 큰 문제는 없다. 그러나 종종 예기치 않은 일이 일어나곤 한다. 야근이나 보충수업이 유난히 잦은 경우도 있다. 문제는 시간만이 아니다. 동선도 따져 봐야 한다. 평소의 동선에서 벗어 나면 에너지가 두 배로 든다. 내 경우 집이 반포동이고 회사는 가산디지털단지인데 강남역 학원으로 수강하러 간다고 가정해 보자. 회사에서 강남역, 강남역에서 반포동으로 이동하는 시간은 둘째 치고 오가는 에너지가 평소보다 훨씬 더 많이 든다.

그러나 30분 정도의 짧은 시간, 최소의 동선 변화로 가능한 이 방법은 보다 오래도록 지속이 가능하다. 게다가 부담감과 스트레스도 줄여 준다.

물론 충분한 시간을 확보해 어학원을 다니기로 했을 때 오가는 시간을 오로지 이동을 위한 시간으로만 생각하지 않고 자기 나름대로의 학습시간으로 생각하게 된다면 다른 이야기가 된다. 어학원에서 공부하는 시간은 강의시간인 1시간이 아니라 2시간으로 확장되는 셈이다. 회사에서 어학원 가는 길에는 예습을, 어학원에서 집으로 가는 길에는 복습을 하게 되니 별도로 시간을 내어 공부할 필요도 없어진다. 버려지는 시간들을 살려 내는 '시간 연습'이 필요한 때다.

시간 연습과 타겟 연습

5분, 10분 그리고 30분은 얼마 안 되는 시간이다. 웃긴 동영상 하나 찾아보면 흘러가는 시간이다. 걸그룹 노래 몇 곡 들으면 훌쩍 흘러 간다. 하지만 이 시간을 어떻게 활용하느냐에 따라 인생이 바뀐다. 중요한 것은 '어떻게 할 것인가'이다. 이에 나는 시간 연습과 타겟 연습을 제안한다.

심리학자인 안데르스 에릭슨은 '자신의 분야에서 최정상에 오른 사람들을 연구하여 그들의 놀라운 성공 뒤에는 타고난 재능이 아닌 아주 오랜 기간의 노력이 있었다'는 내용의 논문을 발표했다. 이것이 '1만 시간의 법칙'이다. 이 법칙은 세계적인 저술가 말콤 글래드 웰이 자신의 책 《아웃라이어》에 인용하면서 유명해졌다. 에릭슨이

직접 쓴 《1만 시간의 재발견》에 의하면 1만 시간의 법칙이 성과로 연결되기 위해서는 '제대로 설계된 방식에 의한 훈련Practice'이 필요하다고 한다. '의식적인 연습'Deliberate Practice이 바로 그것이다.

　의식적인 연습은 우리가 지금 확인하고자 하는 시간 사용법과 직결된다. 우선 자신의 위치를 확인한다. 다음으로 흘러가는 시간을 점검한 후(시간 발견하기) 그 시간을 어떻게 보낼 것인지에 대해 작은 목표를 세운다.(시간 배분하기) 마지막으로 실행한다.(시간 사용하기) 즉, 낭비하고 있는 시간을 발견하고 배분하는 연습인 '시간 연습'을 하고 이를 어떻게 활용할 것인지에 대해 자신이 원하는 것을 구체화하여 작은 것부터 실천하는 '타겟 연습'을 하면 된다. 자투리 시간이 남아 있을 때 스마트폰의 가벼운 이야기에 빠지기보다 책 한 권, 좋은 동영상 한 편 등에 집중하는 것으로 의식적인 연습을 한다. 그러니까 시간 연습과 타겟 연습은 동시에 할 수 있다. 어렵게 생각하지 말자. 지금 당장 30분에만 집중하면 된다.

1초도 놓치지 마라

벤저민 프랭클린Benjamin Franklin, 미국의 '건국의 아버지'Founding Fathers로 불리는 미국 초대 정치인 중 한 명이다. 계몽사상가 중 한 명으로 유럽 과학자들의 영향을 받아 피뢰침 등을 발명하기도 했다. 특히 현재 미국 달러화 인물 중 대통령이 아닌 인물은 단 두 명뿐인데 그중 한 명이 벤저민 프랭클린(100달러)이다.

그는 글 쓰는 사람으로도 유명하다. 《벤저민 프랭클린의 자서전: 덕에 이르는 길》이 그것이다. 우리 집에도 한 권 —아이들도 모두 보게 하려고 큰 글자로 인쇄된 책을 사서 돌려 읽었다— 있는데 이 자서전에는 그야말로 인생을 살아가는 미덕의 모든 것이 담겨 있다고 해도 과언이 아니다. 특히 자서전의 내용 중 저자 자신이 인생지침으로 삼았던 열세 가지 덕목 그리고 그 실행방법은 정말 대단하다.

　제일 먼저 절제, 침묵, 질서, 결단, 절약, 근면, 진실, 정의, 중용, 청결, 침착, 순결, 겸손의 열세 가지 덕목들의 계율을 정의한 후에 수첩을 만들어 매일 저녁 그날 하루의 행동을 점검한다. 그리고 각 계율과 관련하여 잘못한 것이 있으면 해당란에 표시하고 구체적인 해결 방법을 제시했다. 그 수첩 형식을 착안하여 만든 게 요즘에도 연말만 되면 많은 사람들이 구입하는 '프랭클린 플래너'라는 다이어리다. 이처럼 그의 자기 관리 방법은 수백 년이 지난 지금까지도 많은 이에게 귀감이 되고 있다.

자기 관리의 시작은 시간 관리

　끊임없이 떨어지는 물방울이 돌을 뚫는다.
　근면함과 인내심으로 생쥐는 밧줄을 갉아 두 동강 낸다.
　오늘의 하루는 내일의 이틀과 같다. _벤저민 프랭클린

　프랭클린은 자신의 인생지침 중 첫 번째로 근면함을 내세운다. 위의 말에는 지금도 흐르고 있는 시간을 하나도 놓치지 않겠다는 단단한 각오가 들어 있다. 산업사회가 본격적으로 열리기 전부터 이렇게 시간에 대해 골몰히 생각했다는 걸 생각하면 대단한 사람이 아닐 수 없다.

　오늘날까지 수없이 회자되고 있는 그의 말들은 이처럼 근면함을 위해 시간을 소중히 할 것을 강조한다. 그와 관련하여 다음과 같은 일화가 있다.

프랭클린이 서점을 운영했을 때 어느 날 손님이 찾아왔다. 손님은 책 한 권을 들며 프랭클린에게 물었다.

"이 책은 얼마입니까?"

"1달러입니다."

"좀 깎아 주시죠. 어떻게 값을 내려 주실 수 없습니까?"

"이제 1.5달러입니다."

"네, 무슨 소리에요? 값을 깎아 달라고 했잖습니까?"

"그 책은 2달러입니다."

책값을 깎아 주기는커녕 시간이 지남에 따라 점점 더 높게 부르는 벤저민 프랭클린의 태도에 손님은 화가 나서 물었다.

"왜 책값이 자꾸 오릅니까?"

그가 답했다.

"저의 귀중한 시간이 손님과 대화하느라 낭비되고 있으니 책값에 저의 시간에 대한 추가 금액이 붙고 있는 겁니다."

그만큼 프랭클린은 어떤 시간도 그냥 흘려보내는 일이 없도록 노력했다. 실제로 그는 자투리 시간을 활용해 3개 국어를 익힌 경험이 있었다. 그의 집안 형편은 넉넉하지 않았기 때문에 그는 열두 살 때부터 인쇄공 일을 시작했다. 그의 부모는 가난

한 양초 제조업자였고 돌봐야 할 형제는 무려 열일곱 명이나 되어 그는 일찍 학교를 그만둘 수밖에 없었다. 그렇지만 그는 일하는 틈틈이 독학으로 프랑스어, 스페인어, 이탈리아어 등 3개 국어를 익혔다. 프랭클린은 그 비결에 대해 이렇게 말한다.

"점심을 먹고 나면 10분씩 휴식 시간이 주어진다. 한 달이면 210분, 1년이면 2,520분이다. 그 시간을 활용해서 충분히 언어를 공부할 수 있다."

그야말로 1분, 1초도 허투루 쓰지 않은 덕분에, 작지만 꾸준한 노력으로 그는 원하는 바를 이룰 수 있었던 것이다.

시간 낭비는 중죄

벤저민 프랭클린처럼 시간을 무척 중요시한 인물이 또 있다. 100년 전에 태어난 정치철학자 막스 베버Max Weber다. 독일에서 태어난 그는 사회학 정립에 막대한 영향을 끼쳤고 그의 유명한 책 《프로테스탄트의 윤리와 자본주의 정신》에는 다음과 같은 내용이 담겨 있다.

현세의 인간은 구원의 은총을 확인하기 위해 낮 동안은 자신에게 주어진 일을 행해야 한다. 따라서 시간 낭비는 중죄 중의 중죄가 된다. 시간이 더없이 귀중한 이유는 낭비된 시간만큼 신의 영광을 위한 노동이 줄어들기 때문이다.

종교적인 해석은 차치하고 삶의 목적을 잃은 채 시간을 낭비하는 것은 인간이 저지를 수 있는 중죄라는 의미다.

같은 메시지를 우리는 영화 〈빠삐용〉에서도 얻을 수 있다.

영화는 억울하게 살인자라는 누명을 쓰고 감옥에 수감된 빠삐용이 자유를 찾아 계속해서 탈출을 시도하는 이야기다. 영화에서 굉장히 인상적인 장면이 있는데 바로 독방 감옥에 갇힌 빠삐용이 꿈을 꾸는 장면이다. 꿈에서 빠삐용은 심판관 앞에서 자신은 사람을 죽인 일도 없고 사나이답게 떳떳하게 살아왔노라고 거세게 항변한다. 그러나 심판관은 딱 잘라 이렇게 말한다.

"너는 법을 어기지 않았다. 하지만 인생을 허비한 죄는 인간이 저지를 수 있는 최악의 죄다. 따라서 너는 최악의 죄인이다."

자신의 살인죄에 대하여 무죄를 주장하던 빠삐용은 심판관의 이런 지적 앞에 꼼짝 못 하고 유죄를 인정한다.

나는 '인생을 낭비한 죄'라는 말이 지금도 잊히지 않는다. 내 인생을 낭비하고 있지는 않은지 깊이 자문하게 했기 때문이다. 흘러가버리면 다시는 잡을 수 없는 것이 시간이다. 이런 생각은 나이를 먹으면 먹을수록 더 강하게 든다. 모든 시간을 빡빡하게 살라는 뜻은 아니다. 다만 스스로 만족할 만한 시간을 보내고 있는지 충실한 인생을 보내고 있는지 자신에게 자주 물으라는 말이다. 그렇게 한다면 분명 어제와 다른 내일을 만날 수 있을 것이다.

제2장

잃어버린
당신의 시간을 되찾아라

30 minutes

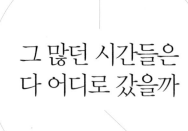

그 많던 시간들은
다 어디로 갔을까

기적의 주인공이 있다. 고1 첫 모의고사에서 전교 247등 하던 학생
이 고3 때 전교 1등을 했다. 〈공부의 왕도〉라는 프로그램에서 본 한
고등학생 이야기다. 그는 전교 1등을 하게 된 비결이 바로 시간 관
리에 있다고 했다. 그의 시간 관리 기록표는 성인인 내가 봐도 숨이
꽉 막혔다. 그 기록표에는 그 학생이 자신의 공부 시간을 확보하기
위해 어떻게 시간을 관리했는지 여실히 드러나 있었다.

아침 식사 시간 6:25~6:40 (15분) – 밥을 먹으면서 암기 자료를 읽는다.

등교 시간 6:45~7:00 (15분) – 영어 단어를 암기한다.

아침 자습 전 7:00~7:40 (40분) – 다른 학생들이 등교하기 전은 집중이 가장 잘 되는 시간이다.

점심시간 12:10~13:00 (50분) – 자습실에서 도시락을 먹으면서 공부한다. 친구들과 급식을 먹으면서 공부와는 관계없는 이야기를 하는 시간을 줄이기 위해서다.

쉬는 시간 (10분씩 8번, 80분) – 매 수업시간에 배운 내용을 상기한다.

저녁 식사 시간 18:10~19:00 (50분) – 자습실에서 도시락을 먹으면서 공부한다.

하교 시간 (15분) – 영어 단어를 암기한다.

하교 후 00:20~00:50 (30분) – 마무리 공부를 한다.

취침 직전 00:50~01:05 (15분) – 침대 옆에 암기과목 관련 메모를 붙여 놓고 본다.

그가 정규 수업 외에 따로 쓴 시간만 따져 보니 총 5시간 10분이었다. 그는 인터뷰에서 이렇게 말했다.

"몸은 힘들다. 하지만 보람도 크다. 이 자투리 시간들은 내가 스스로 열심히 짬을 내서 만든 것이기 때문이다. 이렇게 생활하면서부터 공부를 더 잘할 수 있다, 성적은 반드시 오른다는 확신이 들었다."

모두가 이 친구를 따라할 수는 없을 것이다. 그러나 자정이 되어서야 공식 스케줄이 끝나는 고등학생이, 자신이 원하는 목표를 이루기 위해 어떻게든 공부할 시간을 확보하며 고군분투하는 모습에 어떤 생각이 드는가. 아무런 느낌도 없을 수도 있고 저렇게 못 살겠다는 생각이 들 수도 있다. 나는 사실 감탄을 했다. 무리한 일정인 것은 맞다. 오래 지속하기 힘든 것도 사실이다. 그러나 원하는 것을 얻기 위해 최선의 방안 찾기에 골몰했을 이 학생의 일과표를 보니 고개가 절로 숙여졌다. 나는 지금 어떻게 살고 있는가? 내 시간은 어떻게 흘러가고 있는가? 아직 스무 살도 안 된 이 친구는 자신의 시간을 확보하기 위해 이렇게 애를 쓰고 있는데 왜 나는 하루 1시간, 아니 30분도 만들어 내기 어려운 것일까?

오전에는 아무것도 할 수 없다

나는 일찍 일어나는 일이 힘들다. 한창 공부했던 고3 때도 새벽에 일어나서 자율 학습하러 가는 게 죽기보다 싫었다. 애꿎은 자명종을 몇 번이나 던지고서야 비로소 일어날 수 있었다. 회사에 들어가서도 이런 습관은 변하지 않았다. 시계 알람을 몇 개나 끄고 아내의 성화를 듣고서야 주섬주섬 일어나 씻었다. 그렇게 힘들게 일어난 아침이 상쾌하게 시작되기란 어려웠다. 겨우겨우 양복을 입고 지하철을 타서 출근을 했다. 회사에 도착해서도 자리에 앉아 커피 한 잔을 마시거나 동료와 잠시 수다를 떤 후에야 머리가 움직이기 시작했다. 이런 생활이 매번 반복됐다. 아침마다 잠이 부족하다는 생각이 들었다. 피곤이 쌓이니 몸이 무겁고 두통마저 오는 듯했다. 대체 뭐가 문제인 걸까?

아내가 간단하게 답을 알려줬다.

"당연하죠. 맨날 늦게 자니까."

나는 매일 밤 무엇을 했는가. 다른 사람들과 별반 다르지 않았다. 보통 야근을 하고 집에 가면 평균 8시. 저녁을 먹고 잠시 쉰다. 밤 9시가 된다. 그때부터 애들이랑 몇 마디 하거나 야구 영상을 스마트폰으로 찾아 보면서 아내가 보는 드라마가 끝날 때까지 어영부영 시간을 때운다. 아내가 자러 가면 시간은 밤 11시쯤(이때까지 리모컨의 주인은 아내다), 이 이후가 본격적으로 내가 쉴 수 있는 시간으로 소파에 편하게 앉아 이종격투기대회 UFC 프로그램을 본다. 보기 시작하면 끝을 볼 때까지 절대 채널을 돌릴 수 없을 만큼 박진감 넘치는 경기에 정신을 쏟다 보면 '내일 아침에 회의가 있는데…' 싶은 걱정은 이미 까맣게 잊어버린다. 넋 놓고 보던 경기는 새벽 2시가 넘어서야 끝나고 그제야 나는 잠자리에 든다.

이러니 '머리가 무겁고 눈은 **뻑뻑**하고 몸은 **천근만근**' 될 수밖에 없고 그러니 오전 시간이 제대로 굴러갈 리 만무했다. 점심 먹고 낮잠을 잔 후에야 정신이 돌아왔다. 시작이 늦으면 끝도 늦은 법, 정시 퇴근은 언감생심이었다. 그런데도 집에 가면 또 다시 밤 12시가 지나도록 TV를 보다가 새벽 2시에 잠이 들었다.

고백하자면

예전에는 정시에 퇴근할 수 있는 날에도 집에 일부러 늦게 가는 일이 많았다. 지금은 일을 마치는 대로 나를 위한 시간을 쓰기 위해 일찍 귀가하지만 이전에는 퇴근 후 취침 전까지의 시간을 함께 보낼 사람을 찾았다. 회사 동료, 동호회 친구, 아는 후배를 찾아 삼겹살에 소주 한잔하는 일이 많았다. 술 마시면서 쓸모없는 이야기—남의 험담—에 열을 올렸다. 내 주변의 모든 것들에 대해 불만을 내뱉고 나를 알아주지 않는 세상에 분노하면서 말이다. 끼리끼리 논다고 해야 할까, 나와 비슷한 이야기가 하나둘 이어지면서 분위기는 금세 달아올랐다. 자리는 2, 3차까지 이어졌다. 그렇게 나는 자주 새벽에 귀가했다.

그러면 다음 날 다시 오전을 숙취로 흘려보냈다. '아, 회사 다니기 정말 힘들다'고 되뇌면서.

저녁도 없는데 주말도 없다

평일 오전과 오후는 회사에서, 저녁은 동료나 친구 그리고 밤늦은 시간에는 TV와 함께했다. 특히 TV가 문제였다. 아침에 일어나자마자 눈곱도 떼기 전에 거실 TV를 틀어 놓는 것으로 하루를 시작하는 사람이 얼마나 많은가. 하루의 끝도 TV였다.

그렇다면 주말은 어떤가. 예전에는 골프를 쳤다. 직급이 올라가면 당연히 골프를 배워야 한다고 선배들에게 들었다. 그래서 시작했다. 재미있었다. 누군가 앉아서 하는 게임 중에는 마작이, 서서 하는 게임 중에는 골프가 가장 재미있다고 했다던데 정말 그렇다고 생각했다. 게다가 가끔 듣는 '굿샷'은 뭔가를 해낸 것처럼 나를 으쓱하게 만들었다.

골프장은 가까운 곳에 없기 때문에 1~2시간 거리의 근교로 가야 했고 그래서 주말만 가능했다. 4~5시간 걸리는 경기 시간을 고려한다면 아침 일찍 움직이는 것이 좋았다. 보통 새벽 5시 전후로 출발하곤 했다. 어영부영 경기를 끝내고 밀리는 귀경길을 뚫고 집으로 돌아오면 오후 4~5시가 훌쩍 넘었다. 아내와 아이들은 나를 흘겨보며 불만을 토로했지만 나는 아랑곳하지 않고 방에 들어가 잠을 청했다. 새벽부터 움직이고 운전하랴 운동하랴 피곤하다는 이유였다. 잠에서 깨면 이미 저녁이었고 다시 멍하니 TV를 보다가 잠이 들었다.

이런 생활이 계속 되니 피곤은 풀리지 않았다. 내가 혼자 있는 시간은커녕 가족과 함께하는 시간도 있을 수 없었다. 하루하루는 늘 그대로 쳇바퀴 구르듯 굴러갔다. 나는 하나도 달라지지 않는 매일에 무료함과 지루함을 토로했다. 가족들의 불만 역시 쌓여 갔다. 아내는 아내대로 주말에 아이들로부터 해방되어 쉬고 싶은데 남편이라는 사람은 새벽부터 사라져 오후 늦게 집에 돌아와서는 '자빠져' 잠만 자고 있으니 그럴 만도 했다. 아이들도 엄마가 아니라 '아빠'와 시간을 보내고 싶은데 그러지 못하니 짜증이 났을 것이다.

지금은 골프를 치지 않는다. 골프가 시간에 쫓기는 삶, 주말이 없는 삶을 만드는 주범이라고 생각하기 때문이다. 처음에야 인맥이다, 운동이다 여러 가지를 생각하고 시작했지만 골프는 '가성비'가 좋지 않다는 게 지금의 결론이다.

나의 건강이나 즐거움을 위해서 운동은 필요하다. 그러나 주말을 통째로 할애하는 것은 가족과 오붓한 시간을 보내거나 다른 모임에 참석하거나 공부를 할 수 있는 다양한 활동을 포기하는 것을 의미했다. 결정적으로 같은 시간이면 더 가치 있게 쓸 수 있다는 확신이 들어 아쉬움이 남긴 했지만 골프를 그만두기로 했다.

스마트폰이
문제가 아니다

우리 집은 반포, 회사는 가산디지털단지역 근처에 있다. 출근은 보통 지하철로 30분, 걷는 시간까지 45분이 걸린다. 앞에서 소개한 시간 관리를 잘하는 그 고등학생이라면 평소보다 두 배 많은 영어단어를 외울 수 있다고 반겼을지도 모르겠다. 그러나 나는 그 시간에 대체로 연예, 스포츠, 차 관련 뉴스를 봤다. 그저 습관처럼 켜는 스마트폰에서 '터프가이 K씨, 전 여자 친구에게 받은 메시지는?', '우리 지금 이대로, 진짜보다 더 진짜 같은 키스신' 등 자극적인 제목의 기사를 클릭하지 않을 수 없었다. 제목보다 못한 내용일 걸 알면서도 보고 또 보고, 거기에 댓글도 찾아봤다. 지금 생각해 보면 나랑 전혀 관계없는 타인의 생활을 엿보는 것에 불과한데 그게 뭐라고 그렇게 열중했을까.

짬이 나면 스마트폰

출퇴근길 주변을 둘러보자. 나와 비슷한 사람을 많이 볼 것이다. 열 중 아홉은 스마트폰을 들여다보고 있다. 예전엔 밤늦은 시간의 지하철에서 큰소리로 떠드는 사람도 많이 있었다. 지금은 거하게 술 취한 사람들도 무슨 정신인지 스마트폰을 들여다본다. 가끔 내 건너편에 앉은 사람들 전부가 스마트폰을 보고 있을 때도 있는데 굉장히 성스럽게 보이기까지 한다. 모두 머리를 숙인 채 두 손으로 스마트폰을 받들어 보고 있으니 예전과 달리 열차 안이 조용해졌다고 느낀 것은 정말 스마트폰 덕분인 것 같다. 어찌됐든 이제는 스마트폰을 하지 않는 사람을 보는 일이 드물어졌다. 모두 스마트폰으로 무엇을 하는 걸까? 아마도 예전의 나와 크게 다르지 않을 것이다.

출퇴근길에만 스마트폰을 본다면 큰 문제는 아닐 수도 있다. 그러나 정말 시도 때도 없이 스마트폰을 본다. 나도 그렇다. 업무를 하다가도 무의식적으로 스마트폰에서 베스트 게시물을 찾아 읽곤 했다.

베스트 게시물이라 해봤자 '외국인이 들으면 놀라는 한국 이름은? 오유석Oh you suck, 유소영You so young'식의 농담들이었는데 말이다. 심지어 회의나 미팅 중에도 뭔가 틈이 난다 싶으면 스마트폰을 만지작거렸다. 특별한 것을 하는 것도 아니다. SNS상에서 새로 바뀐 친구 프로필을 보거나 의미 없이 이 애플리케이션, 저 애플리케이션을 켜 보곤 했다. 스마트폰 없는 세상, 상상할 수도 없었다. 물 없이는 3일, 밥 없이는 10일을 버틸 수 있지만 스마트폰 없이는 1시간도 버티지 못한다는 말도 있지 않은가.

그렇게 시도 때도 없이 하고 있으니 스마트폰을 깜빡하고 집에 두고 오는 날이면 그야말로 '멘붕'에 빠진다. 단순한 일조차 제대로 할 수 없을 것 같아 종일 불안하다.

지금 생각해 보면 그 불안감의 이유가 내게 주어진 잠깐의 시간을 어떻게 보내야 하는지 몰랐기 때문이라고 생각한다. 출퇴근 시간은 물론, 짬이 나는 어느 시간이든 스마트폰을 보는 것에만 너무 익숙해져 있었으니까 말이다.

앞서 시간 관리가 공부의 비법이라던 고등학생이라면 어떨까. 스마트폰이 없어도 전혀 불안하지 않았을 것이다. 내가 스마트폰을 하면서 흘려보냈을 시간을 그는 온전히 자신이 통제하는 시간으로 만들었을 것이다.

목적 없이 하는 스마트폰이 문제다

스마트폰은 생활을 편리하게 만들었다. 빠르고 쉽게 엄청난 양의 정보를 접할 수 있다. 언제 어디서든 접속 가능한 디지털 세상은 우리의 시야를 극적으로 확장시켰다. 그렇게 인간관계도 극적으로 확장됐다. 이제 우리는 전 세계 사람들과 즉시 연결이 가능하다. 지구 반대편 친구와 만나기 위해 소요되는 에너지와 시간은 고작 터치 한번, 몇 초에 불과하다.

그런데 우리 생활이 정말 편리해지기만 했을까? 단적으로 정보를 수집하거나 관계를 쌓는 데 더 적은 에너지와 시간이 든다면 지금 우리는 더 여유 있는 생활을 하고 있어야 하지 않을까. 그렇지만 현실은 '여전히' 바쁘다. 전과는 비교할 수 없을 정도로 넘치는 정보와 방대한 관계망은 그만큼 우리가 봐야 할 정보, 응답해야 할 관계도 넘치게 만들었다.

그 어느 때보다 뚜렷한 의도와 목적은 그래서 중요하다. 방대한 정보의 바다에서 의미 있는 정보를 얻기 위해서는 구체적인 목적이 필요하다. 목적 없이 헤매게 되면 '터프가이 K씨, 전 여자 친구에게 받은 메시지는?'라는 기사에 허우적거리며 에너지와 시간을 허비하게 되는 것이다. 사실 자신이 무엇을 하고 있는지 인식만 하고 있다면 연예 기사를 보더라도 의미가 있을 수 있다. 어떻게든 무엇인가를 하며 시간을 헛되게 흘려보내지 않을 수 있다. 문제는 그렇게 하는 사람이 많지 않다는 것이다.

자신이 스마트폰을 사용하는 시간을 따져 보면 업무 시간, 자는 시간 외 거의 대부분의 시간을 스마트폰을 보고 있구나 하는 사람이 적지 않을 것이다. 화장실에서 소변보는 동안에도 스마트폰을 놓지 못하는 사람을 종종 보는데 그런 사람은 자신이 스마트폰을 사용하는 게 아니라 스마트폰이 자신을 조종하는 상황에 이르렀다고까지 표현할 수 있다. 그런 생활에서 벗어나기 위해서는 자신의 시간을 관찰할 수 있어야 한다.

'출퇴근길 1시간, 지루한 회의나 화장실에서 30분 정도, 일하다가 짬짬이 2시간, 퇴근 후 TV를 보면서 만지는 시간 2시간, 내가 하루 5시간 30분이나 스마트폰을 보고 있단 말이야!'

내가 무엇을 하고 있나, 무엇을 위해서 시간을 보내고 있나, 의식하는 것부터가 시작이다. 그래야 주어진 시간을 스스로 통제할 수 있게 된다. 보다 이롭게 나의 가치를 성장시키는 일에 시간을 쓰는 게 가능해진다.

나의
시간값

내가 유독 어려워하는 사람이 있다. 피해 다닌다고 해야겠다. 바로 내 시간을 '함부로' 뺏으려는 사람이다. 그들은 정당한 대가 없이 나의 시간을 사용하려고 하고 엉망으로 만들려고 한다. 그런 사람을 나는 피해 다닌다.

'재능 기부'라고 하면 무슨 생각이 드는가. 왠지 아름답고 훌륭하며 상호 이로운 것으로 생각되지 않는가. 나 역시 한때 그렇게 생각했었다. 하지만 지금은 그렇게 생각하지 않는다. 이유가 있다.

첫 번째 책 출간 후 꽤 많은 곳에서 강연을 진행하던 어느 날, 전화 한 통을 받았다. 대학생의 취업을 돕는 사회적 기업이라면서 강연을 요청했다. 강연 시간은 2시간, 시간도 평일 저녁이라 퇴근 후 할 수 있다는 생각에 흔쾌히 좋다고 했다. 그런데 그 다음 말이 나를 어리둥절하게 만들었다.

"재능 기부로 부탁드립니다."

재능 기부? 당시에 재능 기부라는 단어가 흔치 않았기에 되물었다. 그게 무슨 말이냐, 공짜로 강연을 해달라는 것이었다. 사회적 기업이라 강연료를 따로 줄 수 없다면서 말이다. 취업을 준비하는 학생들을 돕는 마음으로 해주십사 거듭 강조했다. 당황스러웠지만 그 때도 취업이 힘들다는 말이 많은 때였으니, '그래 그럴 수도 있다. 좋은 취지니까 흔쾌히 하자'라는 마음으로 수락했다.

나의 시간을 함부로 하는 것은 나의 가치를 떨어뜨리는 것

강연은 성공적이었다. 반응이 좋아 강연을 몇 번 더 하게 되었다. 그런데 강연을 거듭할수록 아쉬운 마음이 들었다. 참석자들은 내가 어떤 강연을 하는지조차 모르는 사람이 부지기수였다. 그저 취업에 도움이 된다고 하니까 강연을 들으러 온 것이었다. 강연 시간은 고작 2시간, 책의 내용을 모두 전달하기엔 부족했고 강연 후 질문을 받고 답하는 시간은 더더욱 부족했다. 책을 조금이라도 보고 온 사람들을 대상으로 강연을 했다면 보다 풍성한 이야기를 할 수 있을 텐데, 겉핥기식 이야기만 거듭했다. 나만의 노하우는커녕 주제를 개괄하느라 강연 시간을 다 써 버리니 회를 거듭할수록 아쉬웠다. 나중에는 화가 났다.

네 번째 강연을 앞두고 진행 담당자에게 요청을 했다. 최소한 강의 내용이 담긴 책을 읽고 참석하게 하는 게 어떻겠느냐. 구입하지 않고 도서관에서 빌려와도 좋으니 책을 지참하는 사람에 한해 입장시키자고. 어떻게 됐을 것 같은가. 이후 다섯 번째 강연은 하지 못했다. 그곳에서의 강연은 그것으로 끝이었다.

2시간 강연을 하는 것, 쉬운 일이 아니다. 오가는 1시간을 포함하여 내 소중한 시간 중 도합 3시간을 투자하는 것이다. 그 시간이라면 나를 위해 보람 있는 일을 계획하고 실행하기에 충분하고 넘친다. 운동도 하고 가족과도 함께 보낼 수 있는 시간이다. 그 시간에 목이 터져라 강의했건만 강연 주최 측은 내 수고, 내 '2시간'을 1만 원 남짓의 책값, 도서관에서 책을 빌리는 수고보다도 못한 취급을 했다. 어처구니가 없었다.

그땐 회사도 다니면서 강연을 하는 것도 어느 정도 자리를 잡은 상황이었다. 회사 업무에 영향이 가지 않도록 더 이상의 강연을 거절하고 있는 상황이기도 했다. 그런데도 그들은 나를 마치 '재능 기부를 바탕으로 얼굴을 알리고 싶어 하는 신인 강연자' 취급을 했다. 마음의 상처가 컸다. 하지만 그때 중요한 것을 깨달았다. 다른 사람의 수고와 시간을 함부로 생각하는 사람과 함께 일하지 말자. 그것은 내 가치를 떨어뜨리는 일이다. 또한 다시 돌아오지 않을 시간을 낭비하는 일이다.

시간은 돈이다, 정말이다

퇴근 후 저녁 시간을 그저 흘러가는 시간으로 착각하는 사람이 많다. 가치가 있고 없고 자체를 생각하지 못한다. 그래서 그저 TV를 보면서 낭비해 버린다. 사실 그 시간은 우리가 학교나 직장에서 본분을 다하기 위해 존재하는 휴식이자 충전의 시간이라는 것을 사람들은 간과한다. 그 시간은 일하는 시간과 절대 가치가 다르지 않은데 말이다. 만약 당신이 200만 원의 월급을 받는다면 시간당 가치를 다음처럼 생각해도 좋다.

200만 원 / 20일 / 8시간 = 12,500원

* 근무일 20일, 근무시간 8시간 기준

재능 기부 사건 이후 실제로 나는 내 시간의 값을 이렇게 계산해서 인식했다. 저녁 시간을 TV만 보는 데 허비했다면 시간당 12,500원을 지불했다고 생각한다. 누군가는 TV를 보는 게 지식을 얻거나 휴식을 취하는 가장 좋은 방법이라고 말한다. 물론이다. 사람에 따라 모두 다르다. 그러나 내 경우 TV를 보는 건 시간 낭비였다. 나는 다큐멘터리에 취미를 붙인 적도 없었고 내가 보는 대부분의 TV 프로그램은 UFC였으니 말이다.

시간값을 계산해 보는 일은 생각보다 많은 변화를 가능케 했다. 퇴근 후 가족과 함께 즐거운 시간을 보낼 때, 아이를 재우고 책을 읽을 때, 주말에 가족과 함께 박물관에 가거나 야외에서 놀 때, 아내와 차를 한 잔 마시며 그간 못 나눈 대화를 나눌 때 나는 나의 시간값에 해당하는 일을 제대로 한 것 같아 마음이 괜히 뿌듯해지곤 했다.

하고 싶고 이루고 싶은 일이 많은 사람이라면 자신의 시간값을 계산해 보기를 권한다. 내가 지금까지 해낸 크고 작은 일들은 모두 이 시간값에 대한 철저한 고민에서 비롯됐다고 해도 과언이 아니다. 시간에 값을 매기면 당연히 좀 더 가치 있게 시간을 사용하려고 노력하게 된다. 같은 값이면 더 스펙 좋은 PC, 더 예쁘고 좋은 옷을 사고 싶듯이 말이다. 나는 지금도 이 일을 하는 것과 저 일을 하는 것 중 나의 시간값에 어울리는 일은 무엇인가 생각해 본다.

어떤 미래를
꿈꾸는가

직장인이라면 한 번쯤 미션이나 비전이라는 말을 들어 보았을 것이
다. 기업은 미션과 비전을 세워 지속적인 성장을 위해 조직이 함께
해야 할 가치를 공유한다. 비전(목적)을 중심으로 미션(구체적인 목
표)을 만들고 내외적 자원을 파악, 전략과 전술을 세운다. 이런 일련
의 활동이 기업에게만 유효할까. 개인 역시 100년 가까이 생존해야
한다. 절반 정도를 산 나에게도 아직 수십 년의 시간이 남아 있다.
그 길고 긴 시간 동안 자신의 역할을 제대로 해내기 위해서는 일상에서 늘 비전을 기준으로 세부 목표를 세우고 그것을 행하고 일어나는 일에 촉을 세우고 있어야 한다.

무엇을 위해 시간을 사용할 것인가

물론 비전이나 미션만 있다고 해서 최고의 전략으로 인생을 살 수 있다는 것은 아니다. 하지만 목적 또는 구체적인 목표가 있는 사람은 자신의 시간을 낭비하지 않고 삶의 순간마다 긴장의 끈을 놓치지 않는다. 이를 통해 인생의 고비마다 오는 실패의 확률을 줄일 수가 있다. 시간에 대한 모호한 개념에서 벗어나 시간을 소중한 자원으로 여기고 제대로 된 활용에 관심을 갖는 계기를 마련할 수도 있다.

나는 종교와 무관하게 '진화'라는 개념을 좋아한다. 진화라는 말에는 생존이라는 인간의 기본 목적이 포함되어 있다. 동시에 도태되지 않기 위해 노력하는 인간으로서의 도리가 녹아 있다. 특히 진화에는 시간적 흐름이 내포되어 있다. 시간은 누구에게나 주어지는 자원이다. 그래서 애써 획득하려 하지 않아도 된다. 다만 이 자원을 어떻게 사용하느냐에 따라 진화의 폭이 달라진다. 어떻게 사용할 것인가. 그것은 내가 이루고 싶은 것, 살고 싶은 삶, 이상적인 나 등 표현은 조금씩 다르지만 나라는 인간의 목적과 목표에 따라 달라진다. 그래서 우선은 목표를 파악하는 것이 중요하다.

그렇다고 반드시 '명확한' 목적과 목표가 있어야 하는 것은 아니다. 목표가 구체적이면 방향이 엇나가는 사태를 막을 수 있지만 막연하게라도 '하고 싶다', '되고 싶다'는 것이 있어도 좋다. 생각과 말을 하게 될수록 목표는 분명해지기 마련이다. 처음은 막연하게 시작해도 되짚고 의식할수록 간절해진다.

목표는 거창하지 않아도 좋다

언젠가 이런 우스갯소리를 들은 적이 있다. 국내 최고라는 기업에서 한 임원이 신입사원에게 물었다. "우리 회사에서 어디까지 올라가고 싶습니까?" 입사한 지 6개월 된 신입사원이 답했다. "대리입니다." 당돌한 신입사원의 말에 임원은 무안해했고 강연회장은 누구하나 웃지 못하는 분위기로 조용해졌다고 했다.

이 이야기에 내 주변의 반응은 각양각색이었다. '요즘 신입은 개념이 없다, 의지가 없다' 등의 반응을 보인 사람도 있었고 수긍하는 사람도 있었다. 목표가 높고 커야 그 발치에라도 닿을 수 있는 거라는 말부터 요즘 소위 장長이 붙은 직급치고 사람답게 사는 사람이 없더라는 말까지. 양쪽 다 일리가 있는 말이다. 다만 강조하고 싶은 건 어떤 목표든 가지고 있는 것이 없는 것보다 낫다는 것이다.

다만 목표가 남들과 비슷하거나 똑같다면 곤란하다. 탁월한 성과를 내고 싶다면 남과 다른 길을 가는 법을 배워야 한다. 남과 같은 길을 걸어가는 건 그만큼 누구나 진입이 쉽다는 말도 된다. 진입이 쉬운 만큼 경쟁은 치열하다. 어느 순간 승리한다고 해도 또 다른 경쟁자에 의해 패배할 가능성도 크다. 따라서 남과 다른 길을 찾아보고 작은 것부터 시작해 성공 경험을 쌓아 나가는 것이 의미 있는 일일 수 있다. 남들이 회사를 다닐 때 색다른 아이디어로 창업을 해야만 한다는 말이 아니다. 수많은 기업들이 '기존과 다른 방식으로 일하기'를 고민하는 것처럼 자신의 생활 영역에서 역시 다른 생각으로 개선하려는 노력을 하는 것이 하나의 전략이 될 수 있다.

하나 덧붙이자면 이상하게도 우리나라에서는 꿈이나 목표라고 하면 직업인으로서의 목표만 대답한다. 회사원이 되었다면 팀장이 되고 임원이 되어야지, 학자가 되기로 했다면 조교수, 부교수, 정교수가 되어야지 하고 암묵적으로 생각한다. 다들 길이 하나라고 믿고 비슷한 생각을 하고 있다. 그러니 상대와 비교하며 타인의 시선에 민감할 수밖에 없다.

물론 요즘 같이 어려운 시대에는 밥벌이를 가능하게 하는 직업인으로서의 역할을 등한시해서는 안 된다. 그러나 100년의 인생에서 우리가 맡게 되는 역할은 직업인 하나가 아니다. 우리는 아버지이자 아들이고 친구 또는 선배, 선생님, 상담가가 되기도 한다. 그림을 좋아한다면 미술가, 운동을 좋아한다면 아마추어 선수 등 다양한 역할과 선호만큼 목표는 무궁무진할 수 있다. 예를 든다면 내가 이루고 싶은 목표는 다음과 같은 것들이었다.

회사원으로서
소통 문제가 있을 때마다 달려가서 도움을 청하고 싶은 선배

남편으로서
아내가 믿고 신뢰할 수 있는 든든한 버팀목인 가장家長

아빠로서
함께 시간을 보내면서 놀고 싶은 아빠

개인으로서
어제보다 조금 더 나은 오늘을 살아가는 나.

이렇게 이루고 싶은 것이 많은데 TV나 스마트폰과 같이 잡다한 일에 신경을 쓸 이유가 없다. 노력한다고 해도 성공하지 못할 수는 있다. 하지만 하지 않으면 그 성공의 기회조차 오지 않는다. 시간은 정직하다. 천재지변과 같은 매우 특별한 경우가 아니라면.

시간을
배분하는 기술

사람은 각자 주어진 에너지를 소진하며 살아간다. 사람마다 하루 또는 한 달 동안 사용가능한 에너지 총량이 다르지만 모두 한정된 에너지를 사용하고 있다. 때문에 더 나은 나, 더 나은 삶을 원한다면 그를 위해 에너지를 효율적으로 사용해야 한다. 에너지라는 말을 시간으로 대체해도 의미는 마찬가지다.

이번에는 우리가 가진 에너지 자원, 시간을 쪼개고 배분하는 것에 대해 이야기해 보려 한다.

이전의 생활

가장 먼저 실제 내가 어떻게 시간을 쓰는지 구체적으로 파악해야 한다. 그래야 객관적으로 문제를 인식하고 실행 가능한 방법을 찾을 수 있다.

요일 장소	평일				
	월	화	수	목	금
집	출근 준비, 식사				
지하철	출근, 연예뉴스 보기, 게임하기				
회사	업무, 식사				
회사 (내근)	고객과의 미팅				
지하철 (외근)	귀가, 연예뉴스 보기, 게임하기				
집	식사, TV보기				

(기상 ↓ 취침)

요일 장소	주말	
	토	일
집 / 자동차	늦잠, 식사, TV보기	운전 (골프장으로 이동)
외부	아이들과 나들이, 식사	골프, 식사
집	TV보기, 식사	늦은 낮잠, 식사, TV보기

(기상 ↓ 취침)

위의 도표는 실제로 내가 이전 생활에서 어떻게 시간을 쓰고 있었는지 정리한 것이다. 이렇게 써 보면 그동안 생각지도 못했던 일들에 시간을 낭비했다는 사실을 객관적으로 인식할 수 있다. 이때 주의할 것은 각 해당 시간에 무엇을 하고 있는지 되도록 구체적으로 적는 것이다. 단순하게 '출근'하는 시간이라고 쓰는 것이 아니라 출근하면서 어떤 행동을 하는지 떠올리는 것이 좋다. 예를 들면 '책 읽기'나 '스마트폰으로 게임하기', 'SNS 구경하기' 하다못해 '잠깐 자기' 등이라고 적는다.

시간 발견하기

이제 본격적으로 나를 위해 사용할 수 있는 시간을 찾아보자. 앞서 적어 본 내용 중에서 불필요한 행동들을 체크하자. 기준은 '나의 성장에 이로운 시간을 보내고 있는가'이다. 이렇게 시간표를 적어 보면 낭비하고 있던 시간을 바로 발견할 수 있다.

이때 주의할 점은 되도록 고정적으로 낼 수 있는 시간을 찾아야 한다는 것이다. 예를 들면 저녁에 어학 공부를 하고 싶은데 야근이 잦은 직장에 다니고 있다면 저녁보다는 아침 시간을 활용해 계획하고 그에 맞는 공부법을 찾는 것이 좋다. 평일 저녁에는 일주일에 2~3회만 해도 무리 없는 '운동' 같은 것으로 대체한다. 그렇게 하여 내가 발견한 시간은 출퇴근 시간, 평일 퇴근 후 저녁 시간, 늦잠을 자는 주말 아침과 골프로 종일을 보내는 일요일 오후 시간이었다.

목표를 떠올려 보자

구체적으로 시간을 계획하기 전, 목표를 짚어 보는 과정이 있어야 한다. 물론 목표가 뚜렷하지 않은 사람도 있을 것이다. 사실 목표가 있느냐, 해보고 싶은 일이 있느냐를 물으면 단번에 대답하는 사람은 그리 많지 않다. 처음에 나 역시 막연하게 '이대로는 안 된다' 또는 '나중에는 이렇게 아등바등 살고 싶지 않다' 정도로만 생각했을 뿐 구체적으로 무엇을 해야 하고, 하고 싶은지 뚜렷하게 알지 못했다. 그럼에도 불구하고 목표를 확인하는 건 중요하다. 목표가 뚜렷하지 않건 하고 싶은 것이 너무 많건 일단 모두 적어 확인해 보라. 막연하게 해볼까 생각했던 것도 좋다. 또는 관심 분야나 대상을 떠올리는 것도 좋다.

방법1 : 현재와 미래

1) 현재의 나
　회사원/ 아빠/ 남편

2) 미래의 나
　회사원/ 아빠/ 남편/ 작가/ 강사

방법2 : 해야 하는 일, 해보고 싶은 일, 이루고 싶은 것, 현재의 문제 등 두서없이 나열하기

그냥 회사원이 아니라 잘나가는 회사원, 그냥 아빠가 아니라 좋은 아빠, 대학원 졸업, 엑셀, 그냥 남편이 아니라 괜찮은 남편, 부자, 선생님, 책 쓰기, 책을 많이 읽고 싶다, 잘하는 운동 하나 갖고 싶다, 춤을 잘 추고 싶다, 와인 즐기기

사람에 따라 생각한 것보다 더 많을 수도 있고 한두 개도 적기 어려울 수 있다. 그러나 무엇을 적든 이렇게 작성해 보면 머릿속에 우선순위가 생긴다. 나는 위의 목표들 중에서 가족의 생계와 연결된 목표와 내 삶에 지대한 영향을 미치지만 달성이 오래 걸리는 목표는 우선적으로 하고 이후 은퇴 후라든가 노후에 해도 가능한 목표는 미뤘다. 예를 들면 나는 최우선으로 '대학원 공부'를 하기로 했다. 전문 지식을 쌓아 제2의 직업과 미래를 준비하기 위해서다. 그리고 당장의 업무를 위해서는 '신문 읽기'를 습관화하고 그 외로 내 성장을 위한 자기계발로 '책 읽기'를 선택했다. 결국 내게는 대학원 강의 수강 및 공부, 신문 읽기, 책 읽기를 위해 사용할 수 있는 시간 배분이 필요했다.

시간 배분하기와 사용하기

그 후 나는 시간을 다음과 같이 나눠 사용하고 있다.

평일 시간 전략 1

장소 (사용 시간) \ 요일	월	화	수	목	금
집	식사, 출근 준비	식사, 출근 준비	식사, 출근 준비	식사, 출근 준비	식사, 출근 준비
지하철 (30분)	출근, 책 읽기	출근, 책 읽기	출근, 책 읽기	출근, 책 읽기	출근, 책 읽기
회사_내근	업무, 식사	업무, 식사	업무, 식사	업무, 식사	업무, 식사
회사_외근 (1시간)	(이동 중) 신문 읽기, 미팅	(이동 중) 신문 읽기, 미팅	(이동 중) 신문 읽기, 미팅	(이동 중) 신문 읽기, 미팅	(이동 중) 신문 읽기, 미팅
지하철 (30분)	퇴근, 책 읽기	퇴근, 책 읽기	퇴근, 책 읽기	퇴근, 책 읽기	퇴근, 책 읽기
카페 (1시간)	대학원 공부	대학원 공부	대학원 공부	대학원 공부	대학원 공부
집 (1시간)	식사, 책 읽기	식사, 책 읽기	식사, 책 읽기	식사, 책 읽기	식사, 책 읽기

기상 ↓ 취침

* 사용 시간 : 1일 4시간

74

평일 시간 전략 2

장소 (사용 시간) \ 요일	월	화	수	목	금
집	식사, 출근 준비	식사, 출근 준비	식사, 출근 준비	식사, 출근 준비	식사, 출근 준비
지하철 (30분)	출근, 시험 준비	출근, 시험 준비	출근, 강연 준비	출근, 강연 준비	출근, 시험 준비
회사_내근	업무, 식사	업무, 식사	업무, 식사	업무, 식사	업무, 식사
회사_외근 (1시간)	(이동 중) 신문 읽기, 미팅	(이동 중) 신문 읽기, 미팅	(이동 중) 신문 읽기, 미팅	(이동 중) 신문 읽기, 미팅	(이동 중) 신문 읽기, 미팅
지하철 (30분)	퇴근, 시험 준비	퇴근, 시험 준비	퇴근, 강연 준비	퇴근, 강연 준비	퇴근, 시험 준비
카페 (1시간)	시험 준비	시험 준비	강연 준비	[강연]	시험 준비
집 (1시간)	식사, 책 읽기	식사, 책 읽기	식사, 책 읽기	식사, 책 읽기	식사, 책 읽기

기상 ↓ 취침

* 사용 시간 : 1일 4시간

도표에서 녹색 부분이 내가 수정해 사용하기로 한 시간이다. 평소에는 [전략 1]처럼 생활하지만 중요한 시험, 강연 전날, 원고 집필 기간에는 그때그때 유동적으로 변경한다. 다만 다른 시간이 아니라

주말 시간 전략 1

요일 장소 (사용 시간)	토	일
집	식사	식사
카페 (2시간)	–	대학원 공부
지하철 /자동차 (왕복 3시간)	대학원 공부	아이를 야구 클럽에 데려다 주기
대학원 (9시간) / 카페 (3시간)	대학원 수업	(아이의 클럽 활동이 끝날 때까지) 대학원 공부
집 (1시간)	식사, TV보기, 책 읽기	식사, 아이와 시간

기상 → 취침

* 사용 시간 : 1일 6시간 or 13시간

주말 시간 전략 2

요일 장소 (사용 시간)	토	일
집	식사	식사
카페 (2시간)	원고 집필	원고 집필
이동	아이를 야구 클럽에 데려다 주기	아이를 야구 클럽에 데려다 주기
카페 (3시간)	(아이의 클럽 활동이 끝날 때까지) 원고 집필	(아이의 클럽 활동이 끝날 때까지) 원고 집필
집 (1시간)	식사, TV보기, 원고 집필	식사, 원고 집필

* 사용 시간 : 1일 6시간

녹색 부분의 시간만 변경한다. 되도록 잠을 줄이거나 가족과 보내야 하는 시간은 희생하지 않도록 한다. 위의 [전략 2] 같은 경우는 내가 자격시험을 준비하면서 강연도 해야 했던 가장 바빴던 때를 기준으로 했다. 그렇다면 주말은? 주말은 크게 두 가지를 목표로 한다. 토요일은 미래의 나를 위해, 일요일은 미래의 '우리'를 위해 시간을 보내고 있다. 이것은 순전히 내 생활을 근거로 만든 것이다. 각자 다른 목표를 위해 생활을 하고 있을 것이니 자신에게 알맞게 시간 전략을 변형해서 고민해 보길 바란다.

마찬가지로 녹색 부분이 수정해서 사용하기로 한 시간이다. 대학원을 다니는 학기 중에는 보통 [전략 1]과 같은 생활을 하되, 급한 일은 녹색 부분의 시간을 변경해 사용했다. 원고 집필은 되도록 방학 중에 계획했으며 그때는 [전략 2]처럼 활용했다.

또 다른 방법

마땅히 목표로 하는 것이 없거나 너무 많아 경중을 구별할 수 없다면 삶을 세 가지 정도의 테마로 나눠 생각해 보는 것도 방법이다.

구분

구분	목표	사용 시간	지금 하고 있는 것	개선
직장	승진	점심시간 (30분)	인터넷 쇼핑몰에서 옷을 검색한다	신문을 읽는다
노후	안정	주말 (2시간)	밀린 잠을 몰아서 아침 내내 잔다	노후의 건강을 위해 아침에 자전거를 탄다
가정	행복	퇴근 후 (1시간)	퇴근 후 친구를 불러내 술을 마신다	아이들과 대화하는 시간을 갖는다

테마1	사용 시간	지금 하고 있는 것	개선
직장 (업무 관련)	점심시간 (30분)	인터넷 쇼핑을 한다	신문을 읽는다
자기 관리 (건강 관련)	주말 (2시간)	밀린 잠을 자고 TV를 본다	노후의 건강을 위해 아침에 자전거를 탄다
집 (가족 관련)	저녁 식사 후 (1시간)	친구들과 술을 마시거나 집에서 TV를 본다	아이들의 숙제를 도와주고 대화하는 시간을 갖는다

테마2	사용 시간	지금 하고 있는 것	개선
업무	점심시간 (30분)	인터넷 쇼핑을 한다	부족한 엑셀 기법을 공부한다
취미	토요일 오전 (1시간)	늦잠을 잔다	근처 카페에서 책을 읽는다
가족	매주 수요일 저녁 (1시간)	친구들과 시간을 보낸다	저녁은 반드시 가족들과 집에서 먹고 시간을 보낸다

간단한 구분이라도 시간을 배분해 보고 그 시간에 무엇을 하는지 확인하다 보면 각자의 라이프 사이클에 맞게 수정하고 개선할 수 있을 것이다.

지금 무엇을 하는지 모르는 사람은 미래에 하고 싶은 것이 있다고 말할 수 없다. 왜냐하면 미래는 지금 당장 내가 실행할 것을 찾고 하나하나 행하는 과정에서 만들어지는 것이기 때문이다. 지금 하고 있는 일은 무엇일까, 지금은 어떤 시간이어야 할까. 한정된 우리의 에너지를 무책임하게 흘려보내는 실수를 하지 않도록 자신의 시간을 점검해 보자.

내가 운전을
하지 않는 이유

"요즘도 버스 타고 다녀?"

나를 아껴주시는 임원 한 분이 있다. 나를 볼 때마다 항상 이렇게 묻는다. 사정은 이렇다.

"김 과장은 고객을 만나러 갈 때 자기 차를 갖고 가나, 아니면 택시를 타고 가나?"

처음으로 같이 일하게 되었을 때 그분이 내게 물었다. 나는 이렇게 답했다.

"버스나 지하철을 타고 갑니다. 웬만하면 제가 운전하지도 않고 택시도 안 탑니다. 교통비를 아끼려는 의도는 아니고 고객과의 미팅 전에 이런저런 생각을 정리하고 또 마음도 가다듬으려고 그렇습니다."

내 대답이 재미있었는지 그분은 10년이 지난 지금도 나를 볼 때면 "요즘에도 버스 타고 다니나?"라고 꼭 묻는다. 좋은 의도로 하는 말이기에 답하는 나 역시 기분 좋게 "네!"라고 답한다.

내 업무는 법인고객을 상대하는 영업이다. 영업자가 차도 없이 다니는 걸 의아하게 생각하는 사람이 많다. 그런데 나는 말 그대로 버스나 지하철을 이용해 영업을 뛴다. 앞에서도 잠깐 이야기했지만 이동하는 동안 고객과 만나서 해야 할 말, 하지 말아야 할 말을 생각하기 위해서다. 택시는 급한 경우라면 종종 이용하지만 그런 일은 거의 없다. 준비 시간을 고려해 미리 나오기 때문이다. 회사에서 주유비와 주차비를 모두 지원하는 데 왜 자기 차를 이용하지 않느냐고 사람들은 의아해한다. 이유는 이렇다.

첫째 서울의 교통 상황 때문이다. 시간 예측이 어렵다. 여유 있게 이동 시간을 잡아도 길이 조금이라도 막히면 미팅 전 내가 준비해야 할 시간을 까먹기 일쑤다. 그 조급함, 스트레스는 그야말로 '어휴'다.

둘째 주차장 문제다. 평일 낮 시간에 한가한 주차장을 찾는 것은 정말 어렵다. 대체로 고객과의 미팅은 도심 한복판이고 그곳 빌딩은 주차료가 비싸다. 주차하려고 해도 대기시간이 20~30분 걸리는 곳도 허다하다. 그때 받는 스트레스는 정말 '어휴, 어휴'다.

셋째 운전하는 동안 내가 하는 일이라곤 앞으로 끼어드는 차들을 견제하는 일이다. 나름 심리 전쟁인데 이때 3분에 한 번씩 욕지거리를 하다 보면 차분했던 마음이 금세 사나워진다. '어휴, 어휴, 어휴.'

결정적으로 내가 운전하지 않고 버스나 지하철을 이용하면 다른 일을 할 수 있는 시간이 확보된다. 운이 좋아 자리에 앉는다면 잠깐이라도 미팅 자료를 읽거나 고객과의 대화를 머릿속으로 구상할 수 있다. 하다못해 명상도 할 수 있고 명상을 핑계로 한 낮잠도 가능하다. 잠시 여유가 있으면 역사 안에서 자판기 커피를 마시며 휴식을 취하기도 하고 신문을 읽기도 한다. 대중교통을 이용하면 비교적 시간과 동선 예측이 정확한 것도 장점이다. 다음 일을 계획하거나 실행하는 데 구멍이 없다. 그렇게 자연스럽게 업무 효율을 높인다.

영업 활동을 할 때뿐 아니라 출퇴근 시에도 운전하지 않는 것은 같은 이유에서다. 운전하지 않는 대신 지하철을 탄 그 시간에 나는 나 자신을 위해 시간을 보낼 수 있다.

냉정해져라

가족 같은 회사.

내가 싫어하는 말 중 하나다. 생사고락을 함께하며 서로를 위하고 돌볼 줄 아는 조직원이 모인 회사. 말은 좋다. 그러나 페이스북, 트위터, 인스타그램 등 실리콘밸리에서 잘나가는 회사를 키웠다는 벤처캐피털의 살아 있는 전설 마크 앤드리슨Marc Andreessen은 다음과 같이 말했다.

"회사를 가족처럼 운영해서는 안 된다. 스포츠 팀처럼 운영하라!"

함께하는 그 자체가 목적이 아니라 오직 성장과 우승이라는 목표를 향해 구성원 모두 열정적으로 몰입하는 그런 회사가 되어야 한다는 의미다. 그러나 아직도 함께하는 것 자체에 목적을 두는 회사가 많다. 함께 골프를 치고 함께 술을 마시고 함께 노래를 불러야 우리는 동료다, 한 조직이라고 말이다. 나는 그런 '가족 같은 회사'는 결사반대다. 대신 '가족을 위한 회사'를 주장하고 싶다.

회사는 나와 나를 포함한 가족의 생활을 위해 다니는 곳이다. 일하고 회사에서 받는 급여로 저녁거리를 사고 겨울 옷을 사고 가스비를 낸다. 즉 회사에 다니는 구성원의 목적은 가족의 생활이다. 그래서 실력을 발휘하고 성과를 낸 회사에 기여하고자 하는 것은 나와 가족의 안정된 생활을 위한 것으로 당연해야 하는 일이고 중요하다.

반대로 회사는 구성원들이 삶에 충실할 수 있도록 지원해야 한다. 자신과 가족의 생활을 위해서 일하고 있는데, 회사로 인해 나와 가족의 생활을 망치는 상황이 생긴다면 구성원은 회사를 다니는 의미를 잃게 된다. 목적을 잃어버린 행동은 힘을 잃는다. 힘없는 조직은 회사 성과에도 좋지 않은 영향을 미친다.

이쯤에서 자랑을 하나 해야겠다. 최근 내가 다니는 회사가 다음과 같은 조치를 내렸다.

'칼퇴'를 위해··· 6시 반에 PC 꺼지는 LG유플러스

2017. 1. 24 기사

3월부터 'PC 오프제'로 야근 없애
일부 기업선 새벽 출근 부작용도

LG유플러스가 IT(정보기술) 업계 최초로 'PC오프제'를 도입하며 기업 문화 개선에 나섰다. PC오프제는 불필요한 야근을 줄이고 정시에 퇴근하는 문화를 정착시키기 위해 업무 시간이 지나면 컴퓨터 접속을 자동으로 차단하는 제도를 말한다.

LG유플러스는 지난 9일부터 일부 부서를 대상으로 PC오프제 시범 운영을 시작했다. 퇴근시각(오후 6시) 30분 뒤에 일괄적으로 컴퓨터 접속을 차단하는 방식이다. 모든 임직원이 PC오프제 적용 대상이지만 업무 특성상 정시 퇴근이 불가능한 직영점 근무자나 교대 근무자는 제외된다. LG유플러스 관계자는 "다음 달 말까지 시범 운영을 거친 뒤 3월 1일부터 PC오프제를 정식으로 시행한다."며 "정시 퇴근을 바라는 직원들의 관심이 뜨겁다."고 말했다.

이 제도는 임원 또는 경영진과 회사 구성원 모두 윈윈하는 바람직한 조치라고 생각한다. 앞으로 모든 기업이 쓸데없는 야근은 지양하고 누구의 눈치도 보지 않고 정시에 퇴근할 수 있는 문화를 만들어야 한다.

과감하게 끊어라

조직 문화 자체가 정시 퇴근을 지향한다면 크게 문제가 없겠지만 사실상 많은 직장인들이 퇴근 후 시간을 온전히 확보하는 것은 쉽지 않다.

저녁 시간을 조금이라도 나만의 시간으로 확보하기 위해서는 의무로 해야 하는 일을 제시간에 끝내야 한다. 이를테면 내 경우엔 근무시간에 하는 보고서 및 자료 작성, 고객과의 미팅, 정례회의 등의 업무다. 나는 이를 근무시간 내에 소화하려고 최선을 다한다.

그 이외의 것들, 업무와 크게 관계없는 것들에 대해서는 미안하지만 거절하는 경우도 많다. 예를 들어 회식이나 모임 등이 그것이다. 매일은 아니더라도 회식이다 미팅이다 예기치 못한 상황이 종종 발생하기 때문에 평일 시간을 내는 일이 어렵다고 토로하는 사람이 실제로 많다. 그런 분들에게는 변화를 위한 최소한의 노력을 해보길 권한다. 대대적으로 저녁 시간에 나를 위한 공부를 시작했다고 조직에 알리는 것도 그런 방법 중 하나다. 나도 동료들에게 '퇴근 후에는 가능하면 가족과 함께 시간을 보내고 싶다'고 선언해 양해를 구했다. 이렇게 미리 주위에 내 목표와 의지를 이야기하게 되면 스스로도 반드시 실천하게 된다. 오늘부터 실천해 보는 건 어떨까.

하지 않는 것도
목표다

지금 당장 하지 말아야 할 것을 찾자

자신이 무엇을 하고 싶은지, 무엇을 해야 하는지 모르는 사람도 많다. '이것도 저것도 하고 싶어, 하고 싶은 게 너무 많아서 고민이야' 와 달리 '내가 하고 싶은 게 뭔지 잘 모르겠어'라고 생각하는 사람이 문제다. 그런 사람은 목표가 있는 사람보다 시간을 낭비하기가 쉽다. 다음을 보라.

하고 싶은 게 뭔지 모르겠다

↓

지금 당장 해야 할 것이 없다

↓

지금 이 시간은 남는 시간일 뿐이다

↓

아무거나 해도 된다

계속해서 목표를 설정하고 강하게 의식하는 것이 중요하다고 하는 이유가 여기에 있다. 나침반이 없으면 길을 잃기 쉽다. 어떻게 해야 할까. 이런 사람들은 '하지 않는 것'을 목표로 해야 한다. 예를 들면 자투리 시간에 스마트폰 게임만 하고 있다면 그 시간에 'OO을 하겠다'가 아니라 '이 시간만큼은 스마트폰을 꺼내지 않겠다'를 목표로 잡아야 한다. 일단 의식하면 시간을 확보할 수 있고 그러면 다른 행동을 시작할 수 있다.

자투리 시간임을 인식한다

↓

내가 어디에 시간을 낭비하고 있는지 찾는다

↓

낭비하는 행동을 하지 않겠다고 결정한다

↓

하지 않음으로 시간을 확보한다

다른 방법으로 설명하면 다음과 같다.

나쁜 행동을 찾는다

↓

그로 인해 낭비되는 시간을 인식한다

↓

낭비하는 행동을 하지 않겠다고 결정한다

↓

하지 않음으로 시간을 확보한다

일단 낭비하고 있는 시간을 알아차리면 자신의 행동에 대해 성찰할 수 있다. 그렇게 시간이 확보되면 '하지 않겠다'는 목표를 위해 이것저것 시도를 하게 된다. 그 과정에서 내 시간을 가치 있게 사용하고자 하는 의욕이 생기고 이를 통해 그동안 시간을 핑계삼아 하지 못했던 나만의 목표에 시도할 수 있다.

잠자리에 누웠을 때 스마트폰 보지 않기

최근엔 잠자리에 들기 직전에 책을 읽지만 불과 얼마 전만 해도 스마트폰을 보곤 했다. 순전히 심심풀이였는데 어찌된 것인지 그 심심풀이를 몇 시간 동안 한 적이 많았다. 수면 부족으로 시달리던 그때, 하루는 눈이 빠질 것 같이 아파서 안과에 갔다. 의사는 한두 가지 검사를 하더니 '안구건조증이네요' 하고 별일 아닌 듯 이야기하면서 당분간 인공 눈물을 사용하고 오랫동안 스마트폰을 들여다보지 말라고 했다. 스마트폰? 눈이 빠질 것 같고 뻑뻑했던 이유가 스마트폰 때문이라고? 요즘은 눈뿐 아니라 손목, 목, 어깨, 허리까지 통증의 원인을 스마트폰에서 찾곤 하지만 몇 년 전만 해도 생각지 못한 이유였다.

당시에 나는 출근길은 물론, 쉬는 시간, 밥을 먹으면서도 스마트폰을 이용하고 있었다. 그렇다고 갑자기 스마트폰을 없앨 수도 없었다. 난감했다. 그래서 임시적으로 스스로에게 규율을 만들어 주기로 했다. 지금 생각하면 우습지만 그때는 나름 굳은 의지를 갖고 만들었다.

1) 잠자기 전 침대에서 스마트폰을 보지 않는다.
2) 밥을 먹으면서 스마트폰을 보지 않는다.

3) 누군가와 대화하면서 스마트폰을 보지 않는다.

스마트폰을 사용하지 않기로 하고 얼마 지나지 않아 확실한 변화가 생겼다. 일단 취침 시간이 빨라졌다. 누워서 달리 무얼 해야 할지 모르니 어벙한 상태로 있다가 잠이 들었다. 얼마 지나서는 책을 읽었다. 원래 책을 좋아하긴 했는데 보통 대중교통으로 이동하는 시간에 읽었다. 집에서는 아이들, 아내가 신경 쓰여 잘 읽지 못했다. 근데 확실히 침대에 누운 시간은 다른 가족들도 취침을 준비하는 시간이어서 고요했다. 책읽기에는 더할 나위 없이 좋았다.

이런 연쇄 효과는 누구나 가능하다. 떨치고 싶은 습관, 하지 말아야지 싶은 행동이 있다면 그것을 하지 않는 것을 목표로 삼아 보는 것은 어떨까?

잠자는 시간을
줄이지 마라

여기까지 읽고서 '아침에는, 저녁에는 무엇을 하겠다'고 의욕적으로 계획을 세우는 사람이 있을지 모르겠다. 좋다. 그러나 이쯤에서 하나 당부를 해야겠다. 최대한 평소의 생활 패턴을 유지하라. 변화는? 최소한으로 해야 한다. 그래야 작심삼일로 끝나지 않는다. 특히 잠에 대해서는 절대 양보하지 않았으면 한다.

'잠 좀 실컷 한 번 자봤으면'

내 주변에도 이런 푸념이 잦다. 몇 년 전 대한수면의학회의 조사에 따르면 대한민국 직장인의 평균 수면시간은 6.5시간으로 미국인에 비해서 1시간 이상 잠이 부족해 실제로도 만성 수면부족에 시달린 다고 한다. 이중 약 절반이 졸음으로 주간 활동에 지장이 있다고 답했다. 생각해 보면 우리는 그동안 잠에 인색했던 것 같다. '4시간 자면 합격, 5시간 자면 불합격'이란 뜻의 '4당5락' 같은 말을 아무렇지 않게 했고 또 믿었다. 나도 학창시절 어머니로부터 이런 이야기를 자주 들었었다. "은평구에 있는 한 여자고등학교는 등교시간이 새벽 5시라더라. 환경미화원 분들이 출근하기도 전에 집을 나서야 할 정도로 일찍 등교하는 거지. 고3이라면 학교가 그 정도는 공부를 시켜야 하는 게 맞지."

중고등학교 때부터 잠은 곧 불합격, 즉 잠이 많은 것은 깨어 있는 시간을 줄이는 해로운 생활습관이란 이야기를 듣고 자랐으니 우리는 으레 어떤 목표를 위해 집중해야 할 때 잠부터 줄일 생각을 한다. '잠잘 시간이 어디 있어? 이 바쁜 와중에!', '밤새서라도 완성해서 내일 보고서 제출하도록 해'라는 식으로 말이다. 역사적으로 인류의 수면 시간은 짧아져 왔다고 한다. 기술은 발전하고 문명은 계속 진화를 거듭해 왔으니 보다 '쉽고 빨라진' 생활에 수면 시간이 더 늘

어나야 하는데 말이다. 산업혁명 전만 해도 사람들은 해가 지면 자고 해가 뜨면 일어나는 생활패턴으로 거의 9~10시간을 잤다고 한다. 앞서 대한민국 평균 수면 시간이 6.5시간이라지만 내 주변에는 4~5시간만 겨우 자면서 일하는 사람이 허다하다.

절대 금지, 잠 줄이기

그에 비해 우리 조상들은 정말 지혜로웠다. 아침에 일어나면 가장 먼저 하는 인사가 '안녕히 주무셨습니까?'라니…. 잠을 걱정하는 것을 인사 예의라고 생각한 것을 보면 안녕하고 건강한 생활을 위해 충분한 잠을 중요하게 여겼음이 분명하다.

충분한 잠이야말로 건강하고 활기찬 삶을 위해 투자해야 할 시간이다. 잠은 종일 긴장 상태에 있던 신체를 이완시켜 주는 가장 좋은 휴식이다. 게다가 면역력을 높여 질병으로부터 몸을 보호해 준다.

몸의 건강뿐 아니라 정신 건강에 있어서도 잠은 매우 중요하다. 미국 로체스터 대학의 네더가드Nedergaard 박사 연구팀은 2013년 《사이언스》에 발표한 논문에서 낮 동안 뇌가 만든 노폐물이 잠을 자면서 청소가 된다고 밝혔다. 우리가 잠든 동안에 뇌 속 시스템이 더 활발히 활동하면서 뇌에 쌓인 노폐물을 청소한다는 것이다. 자주 머리가 무겁고 답답하다는 느낌을 받고 있다면 충분한 수면을 취하지 못해 뇌 속에 노폐물이 쌓여서 그런 건지도 모른다.

잠을 잔다는 것은 활동을 하지 않는 상태가 아니다. 그러니 최상의 컨디션으로 다음 날을 보내기 위해, 일을 집중해서 효율적으로 하기 위해서는 우선 충분한 수면이 기본적으로 보장되어야 한다.

아침형 인간도 잠은 충분히 잔다

한때 아침형 인간이라는 책이 큰 인기를 끌었다. 하루를 이모작할 수 있다, 일찍 일어나면 성공한다는 메시지였다. 정말? 안 그래도 얇은 귀가 펄럭이며 혹했고 나 역시 얼마간 새벽 5시에 일어나 부지런을 떨었다. 실제로 아침 6시에 집을 나와 남들이 출근하기 1시간 전, 길게는 2시간 먼저 사무실에 도착하는 기분은 나쁘지 않았다. 일단 해내서 뿌듯했고 정말 앞서가는 사람이 된 것 같았다. 물론 얼마가지 않아 이 호들갑은 막을 내렸다. 방법이 잘못이었다. 여전히 12시가 넘어서 잤는데 기상시간만 5시로 당기니 평소보다 부족한 수면 탓에 종일 피곤했다. 안 좋은 컨디션이 계속되자 결국 탈이 났다. 결정적으로 나는 '얼리버드'가 아니라 '올빼미'였다. 밤에 활동하는 올빼미가 아침에 움직이려니 효율이 떨어지는 건 당연했다. 먹이를 잡기는커녕 있던 먹이도 놓칠 판이었다.

어떤 사람은 오전 시간에 집중이 가장 잘되고 어떤 사람은 저녁에

잘된다. 각자 일의 능률이 최고 높은 때가 다 다르기 마련이다. (내 경우는 확실히 '저녁'이었다.) 아침에 능률이 오르는 사람이라면 일찍 자고 일찍 일어나 생활하는 것이 좋겠지만 그렇지 않다면 굳이 애쓰지 않아도 된다. 그리고 아침형 인간으로 살고 싶다면 일찍 일어나는 것 이전에 일찍 자야 한다. 아침형 인간이든 저녁형 인간이든 충분한 수면은 하루를 알차게 보내기 위한 기본 조건이니까 말이다.

깨어 있는 것이 중요하다

경영학에는 '전략적으로 가치 있는 자산'strategically valuable assets이라는 용어가 있다. '한 산업 내에서 성공적으로 경쟁하는 데 필요한 자원'을 말한다. 전략적으로 가치 있는 자산을 확보한 기업은 다른 경쟁사들이 함부로 모방하지 못하는 '모방 장벽'을 구축해 지속적인 경쟁 우위를 획득할 수 있다.

'시간'은 누구에게나 주어지는 자산이지만, 그것을 어떻게 사용하느냐에 따라 '전략적으로 가치 있는 자산'으로 만들 수도 있고 아닐 수도 있다. 전략적으로 가치 있는 시간을 갖게 된다면 다른 사람과는 확연히 다른 우위를 획득할 수 있다.

과거에는 자신의 가치를 올리는 방법으로 지식 쌓기에 올인했다. 다른 사람보다 알고 있는 것이 많을수록 우위를 점할 수 있었다. 그래서 닥치는 대로 읽고 쓰고 암기하는 데에 오랜 시간을 할애했다. 그러나 지금은 다르다. 물론 남들은 모르고 나만 알고 있는 지식은 여전히 가치를 높여 주지만 요즘은 그 '지식'이라는 것을 클릭 몇 번이면 쉽게 찾을 수도 획득할 수도 있다. 그래서 더 많이 알고 있는 것은 이제 극히 한시적으로만 의미가 있다. 오히려 얼마나 많이 아느냐가 아니라 어떤 의도로 활용할 것인가가 중요해졌다. 어느 집 국수가 맛있다더라, 그 휴대폰은 특별한 기능이 많다 등 예전이라면 수다 속에 지나쳤던 자잘한 정보들이 TV프로그램으로 만들어질 만큼 유용한 지식과 정보가 되었으니 말이다.

나의 가치를 올리는 일이라고 하면 대부분 공부를 떠올리고 시도한다. 어떻게 봐도 공부는 이롭다. 하지만 무턱대고 닥치는 대로 하는 공부는 권하고 싶지 않다. 에너지와 시간만 허비할 뿐이다. 이쯤되면 다들 눈치챘으리라 생각한다. 앞서 여러 번 강조하기도 했지만 결국 내가 말하고 싶은 것은 어떤 공부를 하든, 어떤 시간을 보내든 목표가 분명해야 한다는 것이다. 가야할 방향이 명확한 사람과 그렇지 않은 사람의 노정은 분명히 다르다.

지금 뭐하고 있는 거지?

깨어 있기 위해 무엇을 할 수 있을까? 딱 하나만 기억하면 된다. '내가 지금 뭘 하고 있는 거지?' 내가 어떻게 행동하며 생활하고 있는지 의식하면 자신에 대한 객관적인 관찰이 가능해진다. 그러면 자연스럽게 자기 행동을 평가하게 된다. 나아가 문제도 발견할 수 있다. '이게 지금 해야 할 일인가' 필요성과 우선순위도 고민하게 된다. 전략적으로 가치 있는 시간은 이렇게 만들어지는 것이다. 잘 정돈된 실행으로.

　말처럼 쉬운 것은 아니다. 하지만 어떤 훌륭한 계획표보다 습관적으로 내가 뭘 하는지 체크하는 것이 내 시간을, 하루를 허투루 쓰지 않는 최고의 방법이다. 주도적으로 인생을 살기를 원한다면 매순간마다 이 생각을 떠올리길 바란다. 그렇게 되면 분명 당신의 인생도 바뀌게 될 것이다.

이기주의자가 되어라

의사이면서 IT 전문가라고 하면 누가 떠오르는가? 안철수 의원? 지금 말하려는 사람은 그가 아니다. 바로 공병우(1906~1995) 다. 평안북도 출신으로 일본에서 의학박사 학위를 받고 1938 년부터 안과 전문의원인 '공안과의원'을 운영했다. 그런데 의 사였던 그는 1949년 '세벌식 속도 한글 타자기' 그리고 1980년 '세벌식 한글 워드프로세스'를 개발하여 한글 전용 및 한글 기계 화와 전산화에 공헌했다. 의사로서 IT 분야에 업적을 남긴 사 람은 안철수 이전에 공병우가 있었던 셈이다.

　의사이자 경영자로 환자를 치료하고 병원을 운영하며 직원 을 관리하던 그가 어떻게 한글 타자기와 한글 워드프로세스 개 발까지 할 수 있었던 걸까. 이번에도 답은 '시간'이다

시간 낭비 혐오자이자 시간 지배자

그의 자서전 《나는 내 식대로 살아왔다》에 의하면 그는 '시간 낭비를 혐오하는 사람'이었다. 몇 가지 예를 확인해 보자.

- 낮에 하는 결혼식은 시간 낭비다. 절대 있을 수 없다.
- '공안과의원' 개원 기념행사, 불필요하다고 건너뛰었다.
- 침대? 사과 궤짝 포개어 만들면 된다.
- 며느리에게 폐백 인사 절하는 것 집어치우고 악수나 한 번 하자고 해서 때웠다.

이 분의 멋진 점은 이런 것들에 대해 의아해하거나 반대하는 이야기에 '쿨'하게 무시한 것에 있다. 자신이 해야 할 일이나 하고 싶은 일을 위해서라면 주위 시선에 구애 받지 않고 자신이 옳다고 생각하는 것을 밀어붙이는 고집스러움이 있었다. 그렇다. 그는 그의 자서전 제목처럼 '내 식대로' 살았다. 하지만 그 '내 식대로'가 누군가에게 피해를 주거나 곤란하게 만들기 위해서가 아닌, 자신의 소망을 위해서 그리고 좀 더 나은 세상을 향한 것이었기에 박수를 받을 만하다.

쓸데없는 것은 철저히 무시한다

검소한 옷차림이라고 하면 우리는 보통 스티브 잡스를 떠올린다. 검은색 터틀넥과 청바지의 소박한 차림만으로 신제품 발표 무대 위에 선 그의 모습은 언제나 청중을 압도했다. 사람들은 그의 신제품에 열광했으며 그의 터틀넥과 청바지는 시대의 아이콘처럼 여겨지기도 했다. 그의 소박한 패션은 자신이 경영하던 애플의 미니멀리즘을 반영한 제품들을 연상시키기도 했다. 한결같은 모습이 오히려 그를 더욱 신뢰하게 만들었다. 소박한 옷차림과 IT의 결합, 그런데 그 원조는 공병우였다.

넥타이를 매는 시간이 아까워서 매지 않았고 신사복 대신 몸에 편한 옷차림을 선호했다. _《나는 내 식대로 살아왔다》 중에서

일반적으로 사람들은 조금만 유명해져도 거드름을 피우기 마련이다. 돈이 좀 있으면 멋 내는 것에 치중하기 쉽다. 그는 그런 일들에 시간과 돈 등 비용을 들이는 일이 낭비라고 생각했다. 예쁜 모양보다 빠른 속도에 치중했던 시간에 관한 그의 철학에서 알 수 있듯이 시간은 그가 세상에 태어난 가치를 최대한 발현하게 하는 놓칠 수 없는 기회였다.

처세술이 부족하여 고집쟁이라는 말을 듣기도 했지만 자기 원칙이 분명했던 사람, 나는 공병우의 마인드를 가끔 되새긴

다. 그의 모든 것을 따라할 수는 없지만 허례허식을 버리는 것, 가능한 한 원하는 일에 시간을 집중하는 것은 요즘도 내가 흐트러질 때마다 나를 일깨우는 죽비가 된다.

우리가 바쁜 이유

"많이 바쁘시죠?"

누군가를 만나면 내가 꼭 하는 말이다. 대부분의 사람들은 바쁘다. 바빠도 너무 바쁘다. 그래서 말을 걸기가 무서울 정도다. 그러니 말을 걸기 전에 '많이 바쁜지'를 물어보는 것은 지금 얘기할 시간이 있는지에 대해 둘러말하는 나만의 표현법이다. 사실 우리는 우리를 바쁘게 만든다. 예를 들어 보자. 여행할 때조차 우리는 바쁘다. 당신은 여행가면 무엇을 하는가. 보통 이렇게 말한다.

"맛있는 것을 먹고, 좋은 풍경을 구경하며, 편하게 휴식한다."

정말 그럴까. 이렇게 고쳐야 하지 않을까.

"맛있는 것을 먹으면서 사진을 찍어 인스타그램에 올리고 좋은 풍경을 구경하면서 사진을 찍고 페이스북에 올린다. 편하게 휴식하면서 여유 있는 나의 모습을 셀카로 찍고 카카오스토리에 올린다."

우리는 휴식의 그 순간조차 아름다운 모습을 넋을 잃고 바라보기보다는 사진을 찍고 SNS에 올리느라 너무나도 바쁘다. 자신에게 여유를 주려고 떠난 여행이지만 실제는 분초를 다투며 사진을 찍고 페이스북에 그 사진을 올린다. 그리고 누군가의 '좋아요'를 기다리며 댓글에 댓글을 달아 주느라 정신이 없다. 그래서 우리는 바쁘다.

정말 바쁜 그 사람, 손석희

손석희. MBC 아나운서를 역임한 그는 현재는 JTBC 보도국 사장이다. 2016년은 여러모로 손석희 이름 석자를 국민들에게 각인시켰던 한 해인 것 같다. 언론인으로서 그의 모습에 대해 여기서 다시 되짚을 필요는 없다. 다만 그가 얼마나 바쁜 사람인지는 보기만 해도 알 수 있다. 가장 영향력 있는 언론인으로 늘 톱TOP을 달리는 그에게 시간은 생명일 수밖에 없다. 그뿐일까. 잘 모르긴 몰라도 시간 외의 자기 관리에도 엄청 철저히 임하고 있을 것이다.

방송인의 특성상 정해진 시간에 건강한 얼굴로 시청자 앞에 나서야 한다. 그러니 시간 관리에 앞서 그는 건강관리에도 철저할 수밖에 없다. 가벼운 감기조차 허용하지 않을 정도로 건강관리를 할 수 있어야 한다. 또한 어떠한 이유도 변명으로 만들어 버리는 것이 방송의 시간 약속이다. 오랜 시간 무리 없이 방송 진행을 할 수 있다는 것은 철저한 시간 관리에 성공했다는 의미다. 게다가 뉴스 시청률에 있어 지상파를 제치고 당당히 1

위를 하고 있는 프로그램의 진행자라면 자기 관리(시간 관리, 건강관리, 주변 관리 등)에 있어서는 대한민국 최고가 아닐까 한다. 그런데 그는 도대체 어떻게 이런 관리의 강박관념 속에서 어쩌면 저리도 편하게 방송을 완벽하게 진행하고 있는 걸까.

비인간적인, 하지만 가장 인간적인

언젠가 손석희에 대해 한 작가가 방송프로그램에서 '손석희는 비인간적인 사람이다'고 말한 적이 있다.

"손석희는 자기 관리가 평소 투철한데 무시무시하다고 느낀 건 매일 출근할 때 신문을 보면서 담배를 한 개비만 핀다는 것이다."

솔직히 나도 이게 왜 대단한 것인지 몰랐다. 담배를 끊었다는 것도 아니고 한 개비를 핀다는 건데 뭐가 비인간적이라고 하는 건지 궁금했다. 계속된 그의 말은 이랬다.

"끊으면 끊었지 담배를 한 개비만 필 수 있느냐? 정말 독한 자기 관리다. 흡연자들은 공감할 수밖에 없는 엄청난 절제력이다. (손석희 사장은) 무시무시할 정도로 비인간적이다."

이에 대해 한 여성 패널이 "그게 그렇게 힘든 일이야?"라고 묻자 해당 프로그램의 진행자였던 다른 사람이 "돈 많은 사람이 명품 세일할 때 손수건 하나만 사서 나오는 것과 같다."라고 비유해 모두를 폭소케 했다. 정말로 그런 인내심이 필요한 것이

106

라면 그는 상상도 못할 정도의 자기 관리를 하고 있었던 셈이다. 이는 자신의 몸 관리, 궁극에는 시간 관리에 대한 투철한 직업의식이 '하루 담배 한 개비'의 의지로 나타난 것이라고 말해도 되지 않을까 싶다.

제3장

내일을 극적으로 변화시키는
오늘의 30분

30 minutes

나를 업그레이드하는
공부의 시간

대학을 졸업하고 특별히 무엇을 더 공부해야겠다는 생각을 하지 못했다. 회사 일로 바빠 시간도 없었다. 그간 '징하게' 공부해 왔으니 더할 생각도 없었다. 결정적으로 '공부'를 좋아하지 않았다. 나는 소위 SKY로 불리는 대학 중 하나를 졸업, 학창시절 내내 좋은 성적을 거두기는 했다. 그러나 좋아서 했다기보다는 '해야 한다'는 마음에서 한 공부였다.

초등학교 시절 가볍게 시작한 과외 덕에 좋은 성적을 계속 유지했었다. 그것을 시작으로 중학교, 고등학교 졸업까지 잘해야 한다는 부담감에 시달렸다. 고등학교 때는 거의 압박 수준이었다. 좋은 대학을 가기 위해 해야 하는 공부는 고통이었다. 대학교에 입학하자마자 공부에 손을 놓아 버린 것은 그 때문이었다. 지금에 비하면 그때는 시절도 좋았다. IMF 이전이었고 토익이니 자격증이니 스펙에 연연하지 않아도 그럭저럭 취업이 잘됐다.

회사에 다니면서는 주어진 업무를 충실히 하는 것만으로 충분하다고 생각했다. 주변에 어학원까지 다니면서 공부하는 동료를 보면 직장인이 되어서도 무언가를 배우려고 하는 걸 이해하지 못했다. 안 좋게 보기도 했다. '시간이 남아돌아? 그럴 시간이 있으면 보고서나 좀 더 살피지.'

그러나 아이러니하게도 '공부'가 필요하다고 느낀 것은 업무 때문이었다. 신입 때는 일을 배우느라 정신이 없었다. 어느 정도 업무 컨트롤이 가능한 대리가 되어서는 이제 좀 살 만하구나, 잘난 맛에 지냈다. 그러다 덜컥 과장이 되었는데 맡게 된 업무가 만만치 않았다.

왜 계속 공부하는가

장長이 붙는다는 것은 윗사람만큼 아랫사람도 많아진다는 거였다. 대리일 때보다 수준 높은 성과를 보여야 했다. 마침 나는 신사업을 추진하는 부서에 배치되었는데 부서 내 연일 기획 아이디어 회의로 골머리를 앓고 있었다. 그 부서에서 팀장을 제외하고 내가 가장 경험 많은 팀원이었으니 역할이 중요했다. 그런데 나 역시 변변찮은 아이디어를 내기 일쑤였다. 분명 경력이 쌓였으니 업무도 회사생활도 능숙해야 했고 업계를 보는 관점도 남달라야 했다. 그러나 그러지 못했다. 나 역시 이 업계에 있는 사람이라면 다들 생각해 낼 수 있는 이야기만 했다.

스스로 느꼈다. 내 입지가 좁아지고 있구나, 낭패였다. 그래도 한때는 선배의 '믿을 구석'이자 후배들의 '조력자'로 조직에서 인정을 받던 나였다. 하지만 이게 무슨 일인가, 내 짬밥이 이것뿐인가, 괴로웠다.

지금 생각해 보면 당연한 결과였다. 업무에 관한 기본 지식은 사실 신입 때 전부 익히기 마련이다. 대리 이상이 되면 그때는 기본 지식에 얼마나 살을 붙여갈 것인가가 그 사람의 역량을 만든다. 게다가 과장이라면 업무에 익숙하고 조력자가 많기 때문에 역량을 키우는데 가속이 붙어야 했는데 그저 '업무'만 했으니 그러지 못했다.

인풋 없이 아웃풋 없다

이것을 인풋과 아웃풋으로 다시 설명할 수 있다. 어떤 아웃풋을 내려면 인풋이 있어야 한다. 업무에서도 그렇다. 기존 지식으로 낼 수 있는 아웃풋은 한정적이다.

루틴하게 일어나는 회사의 업무, 오가다 만나는 인맥으로도 인풋은 가능하나. 하지만 그 양이 절대적으로 부족하다. 다량의 질 좋은 인풋을 위해서는 의지를 갖고 적극적으로 나서야 한다.

혹시 아이를 키우는가. 부모라면 아이들이 하나의 경험만 하기를 바라지는 않을 것이다. 당연히 아이들이 다양한 분야에서 이것저것 경험하기를 바란다. 이를 위해서는 부모가 먼저 시간을 내 이것저것 해보는 것이 필요하다. 매번 하는 일만 루틴하게 해서는 더 이상의 발전은 없다.

그런 줄도 모르고 지속적이고 적극적인 인풋 없이 그럴싸한 아웃풋을 기대했으니 당시, 내 아이디어는 총알 하나 없는 총처럼 아무 쓸모가 없었다. 그 일로 인해 회사원이 된 후에도 책을 읽고 강연을 들으며 공부하는 사람들의 이유를 절절히 이해할 수 있었다.

회사원, 대학교수가 되다.

입사동기이면서 같은 학교 1년 선배가 있다. 과장 때까지는 그 선배나 나나 비슷했다. 솔직히 말하면 조직생활에서 더 인정받는 것은 나였다. 선배는 조금 굼뜨고 사람들과의 요란한 관계를 꺼리며 묵묵히 일만 하는 사람이었다. 고생은 죽도록 하는데 그에 비해 직장에 선 '잘나가지' 못했다. 그런 선배가 언젠가부터 저녁에 바빠졌다. 팀장의 눈치를 보면서 휴대폰의 고스톱 게임으로 퇴근시간을 늦추던 나와는 달리 선배는 6시에 땡하고 칼퇴근을 했다. 누구보다 늦게까지 자리에 남아 일하던 사람의 태도가 갑자기 바뀌었다. 궁금해 물으니 세상에, 대학원에 다닌다고 했다.

"형, 회사에서 보내주는 거야?"
"아니, 내 돈 내고 다니는 거야."
"그걸 왜 다녀?"
"글쎄, 평생 직장에서 일할 순 없잖아. 미래도 준비해야지. 막상 공부하면 배우는 것도 많고."
"사서 고생을 해. 나 같으면 그 돈으로 술이나 마시겠다!"

그 선배는 한동안 대학원을 다니면서 자신의 영역에서 부족했던 마케팅 마인드와 실력을 쌓아 나갔다. 인문계 출신이었음에도 자연과학적인 통계 분석 등에도 지식을 축적했다. 그래서일까 선배에게 변화가 많아졌다. 대학원을 졸업하는가 싶더니 조직에서 전략 부서로 이동됐다. 10년 동안 쌓은 현장의 경험에 대학원에서 배운 이론이 더해지니 보다 거시적인 안목에서 경영을 움직이는 전략도 다룰 수 있게 된 것이다. 변화는 그뿐이 아니었다. 얼마 지나지 않고 선배는 회사를 그만뒀다. 명문 사립대 조교수로 채용된 것이다.

지금 선배는 그 학교에서 정교수로 학생들을 가르치고 있다.

공부는 미래를 결정한다

인생 전체로 생각하면 공부는 더 나은 미래라는 아웃풋을 위한 인풋이기도 하다. 요즘처럼 고용이 불안한 때가 없다. 정년은 이미 공허한 말이 되어 버렸다. 취업이 힘든 건 물론이다. 그러나 100세 시대, 대부분은 은퇴 이후 재취업이나 장사, 사업을 해야 한다. 회사를 나와서야 뭔가를 할라치면 어영부영 휩쓸려 시간과 비용을 낭비하게 될 가능성이 크다. 보다 나은 제2의 인생을 위해서는 치밀한 준비가 필요하다.

직장인의 공부법은
달라야 한다

공부라는 게 수많은 의미로 해석되니 이렇다 저렇다 단정하기는 어렵겠지만 한때 나는 공부를 사회학, 과학, 인문학 등 '학'學이 붙은 테마의 책을 읽고 연구하는 것이라고 생각했었다. 사실 무언가를 배우고 익힌다는 의미에서 그렇게 협소하게 생각할 이유가 전혀 없었는데 말이다. 내가 다니는 회사에서 좀 더 효율적으로 일하기 위해 잠깐씩 익히는 것들도 엄연한 공부다. 예를 들면 보고서를 만드는 데 필요한 파워포인트, 엑셀 등 프로그램 사용법이 그것이다. 사실 익히지 않아도 어느 정도는 할 수 있기 때문에 '따로 시간을 내기 아깝다', '학원을 다니면서 배울 만한 가치가 없다'며 배우지 않는 사람도 많다. 그러나 제대로 알면 여러모로 업무 생산성에 크게 도움이 된다. 특히 엑셀 프로그램은 수치 자료를 계산하고 분석하는 데 유용해서 이 프로그램으로 가계부 작성이나 일정 관리 등에 활용할 수도 있다.

다행스러운 것은 업무에 도움이 되는 스킬들은 대부분 단기간, 짧은 소요시간 안에 익힐 수 있는 것이 많은 점이다. 앞서 이야기한 문서 작성을 위한 프로그램 사용법이 특히 그렇다.

필요한 부분만 공부한다

수신한 이메일에 엑셀 파일이 첨부되어 있으면 불안하던 때가 있었다. 메일에는 '공란에 자료를 채워서' 또는 '자료를 보고 의견을 첨부해서' 회신을 달라고 하는데 엑셀에 익숙하지 않았던 나에겐 매번 어려운 미션이었다.

엑셀 프로그램을 사용하는 직장인이라면 다들 알겠지만 수치만 입력하면 저절로 계산이 되도록 엑셀 파일에 여러 수식을 넣어 사용하는 일이 많다. 이상하게도 내가 그 파일에 수치만 적어 넣으면 있던 수식들이 다 사라졌다며 지적받는 일이 많았다. 게다가 저절로 계산된 수치들이 어떤 수식에 의해 도출된 것인지 볼 줄 몰라서 자료 해석에도 애를 먹었다. 모르니 어쩔 수 없었다. 엑셀을 잘 아는 후배에게 물어 가며 일을 처리하는 수밖에. 그러던 어느 날, 후배로부터 핀잔을 듣게 되었다.

"선배, 지난번에 알려 드렸던 거랑 완전 같은 건데 모르시겠어요?"

그 길로 온라인 서점에서 엑셀 프로그램 책을 샀다. 처음에는 필요할 때마다 후배한테 묻지 않고 해당 부분만 책에서 찾아보겠다는 생각이었는데 때마다 관련 부분을 찾아보는 게 너무 번거로웠다.

'내가 자주 사용하는 기능만 빨리 익히자', 그렇게 방향을 틀었다. 집에서 컴퓨터로 공부할 수도 없고 (방해 요소가 많기 때문에 엑셀 프로그램을 실행하지도 못할 것이다.) 업무 시간에 할 수도 없고 그래서 업무 시작 전 잠깐, 점심시간 잠깐을 이용하기로 했다. 업무 시작 전 잠깐에는 책을 읽었다. 우선 내가 자주 보는 파일을 컴퓨터 화면에 띄웠다. 그걸 보면서 내가 공부해야 할 부분을 찾았다. 목차만 보고 딱 여기다 알 수 있는 일이 드물어서 책 전체를 훑다가 비슷한 형태의 도표가 나오면 화면에 띄운 파일과 비교하면서 찾았다. 해당 부분이 맞으면 책을 읽으면서 스프레드시트를 만드는 순서 정도만 머릿속에 그렸다. 그리곤 인덱스 표시를 해두었다.

점심을 먹고 나서는 책을 보면서 실제로 스프레드시트를 똑같이 만들어 보았다. 보통 아침 30분, 점심 30분 정도 걸렸다. 간단한 스프레드시트는 그날 하루, 복잡한 것은 다음 날까지만 해보면 어느 정도 따라 만들 수 있었다. 자주 접하는 스프레드시트, 자주 쓰는 기능을 익히는 것은 2주도 걸리지 않았다. 복잡한 수식을 다시 복습해 보는 등 여유도 생겼다.

단기간에 무언가를 공부해야 한다면

나는 파워포인트도 역시 같은 방식으로 익혔다. 많은 강연가들이 그렇듯 나 역시 강연할 때 프레젠테이션 자료를 사용한다. 최대한 많은 정보를 효과적으로 전할 수 있고(스티브 잡스의 전설적인 프레젠테이션만 봐도 알 수 있다.) 잘 만들어진 프레젠테이션 자료만으로도 중간중간 웃음도 주면서 재미있고 몰입감 있는 강연이 가능하기 때문이다. 그러려면 글과 이미지만 넣는 것뿐 아니라 동영상과 배경음악 넣기, 화면 전환 및 강조 효과 등의 기능을 알아야 했다. 이 역시도 필요한 기능만 자투리 시간을 이용해 익혔다.

종종 단기간에 무언가를 공부해야 하는 일이 생긴다. 앞서 이야기한 것처럼 간단한 업무 스킬이 그렇다. 혹은 비교적 낮은 커트라인 점수만 통과하면 되는 자격시험, 운전면허(필기)시험 등이 그렇다. 그럴 때는 필요한 부분만, 30분 이내의 짧은 시간을 2회 이상 반복해서 공부하는 것이 좋다. 단기간에 익혀야 하는 것이라면 기억이 중요하다. 그렇다면 하루 1시간 몰아 공부하는 것보다 그것을 두 번으로 나눠 반복하는 것이 더 효과적이다.

공부 분량에 따라 다르겠지만 하루에 '30분 공부'를 두 번 해서 한 챕터를 익힐 수 있는 정도의 난이도라면 보통 1주일, 최대 2주 이상 걸리지 않을 것이다.

영어를
공부한다면

언어 공부는 기억과 반복이 중요하다. 단어를 많이 알수록 많은 표현을 이해할 수 있다. 그러므로 무조건 외워야 한다. 하지만 단어는 순전히 자주 보면서 외우는 것 말고는 뾰족한 방법이 없다. 논문 자격을 얻기 위한 영어 시험을 급하게 준비할 때도 역시 짧은 시간의 공부를 반복하는 방법을 그대로 적용했다. 다만 분량이 많았기 때문에 보다 치밀한 전술이 필요했다.

시험 날까지 주어진 시간은 한 달, 처음 2주는 출퇴근길 1시간과 퇴근 후 1시간 정도의 시간만 할애해 공부하기로 했다. 그러려면 자료집을 각 시간 안에 공부 가능한 분량으로 나누는 것이 제일 중요했다. 영어 시험 자료집은 여섯 챕터로 구성되어 있었다. 하루에 반 챕터씩 보기로 했다. 뒷부분으로 갈수록 내용이 어려워서 후반부 부분은 1챕터당 3일을 할애하는 식으로 수정해 갔지만 처음에는 1일 1챕터였다.

출근길에는 그날 공부해야 하는 부분을 한 번 훑어보며 읽었다.(30분) 그리고 퇴근길에 같은 부분을 다시 읽었다.(30분) 그 길로 집에 바로 가지 않고 근처 카페에 가서 읽었던 부분을 꼼꼼히 짚어가며 공부했다.(1시간) 공부를 마무리할 때는 세 번을 봐도 눈에 안 들어오는 단어를 정리했다. 정리한 단어는 취침 전 10~20분 동안 외웠다.

이때 중요한 것은 해당 시간에 해야 할 것은 반드시 끝낸다는 것이다. 예를 들면 출근길에 자료를 읽으면서 30분 안에 다 읽기 벅차다는 느낌이 오면 중간 이후부터는 스킵해서 읽더라도(속독을 해서라도) 어쨌든 공부해야 할 분량을 끝까지 눈으로 훑어봤다. 어차피 퇴근길에 한 번, 퇴근 후에 한 번 더 반복해서 볼 수 있다고 편하게 마음먹었다. 그래서 출근길 공부는 내용을 꼼꼼하게 보고 다 기억하기보다는 유형과 흐름을 머릿속에 넣는 것에 더 치중했다.

시험 1주일 전

시험이 코앞으로 다가온 1주일, 나에게 생기는 자투리 시간은 모두 영어 시험에 투자했다. 앞서 영어 시험에 출퇴근길과 퇴근 후 한 시간만 할애했던 것은 주말에는 대학원 수업과 가족 나들이에 시간을 써야 했고, 이후 나머지 시간에는 업무 또는 강연 등 돌발적인 상황에 대처하기 위해서였다. 그러나 이때는 돌발적인 상황을 최소한으로만 대비했다. 주말에도 반나절은 아이에게 양해를 구하고 영어 공부를 했다.

다행스러운 것은 이미 한 번씩 공부해 본 내용이라는 것이다. 눈으로 훑는 수준이라고 해도 이렇게 하면 같은 내용을 총 세 번 이상 본 것이니 어떤 유형과 문법이 나오는지 거의 인지하고 있는 상태였다. 그래서 3주 본 내용을 1주일 안에 다시 복습해야 해서 하루에 1챕터씩 소화해야 했지만 크게 부담이 되지 않았다.

신문은
이동 시간에 읽어라

초등학교 6학년인 첫째는 아침에 일어나서 가장 먼저 하는 일이 현관에 놓인 신문을 들고 오는 일이다. 나 보라고? 아니다. 자기가 읽으려고 가지고 온다. 30여 분간 신문을 이리 뒤적, 저리 뒤적 하고는 내가 읽을 수 있게 가지런히 정리해 두고 등교 준비를 한다.

우리 집에선 신문 읽는 일이 특별한 것이 아니다. 세수하고 밥 먹는 것처럼 그냥 생활이다. 그런데 생각보다 신문 읽는 것을 어려워하는 사람이 많다. 어떤 후배는 스마트폰으로 온갖 뉴스를 볼 수 있는데 군이 종이 신문을 읽어야 하느냐고 묻기도 한다.

종이 신문을 읽는 이유

나는 영업사원이다. 영업을 성사시키는 일에는 다양한 역량이 필요하다. 그중 하나는 바로 상대를 설득하는 것이다. 좋은 제안이라도 얼마나 설득력 있게 전달하느냐가 아주 중요하다. 그리고 박학다식하고 일을 잘 처리할 것 같은 인상도 중요하다. 고객사는 단순히 제안 내용만 평가하는 것이 아니라 제안을 들고 온 영업사원이 믿을만 한지, 일을 잘 처리할 능력이 있는지도 평가하기 때문이다.

신문을 읽는 것은 그래서다. 미팅의 포문을 열어줄 화젯거리, 제안 내용에 설득을 더해 줄 업계 트렌드, 박학다식한 담당자임을 인식시켜 줄 시사정보 등 거의 모든 정보가 신문에 다 있다. 그런데 군이 종이 신문을 읽어야 하느냐고? 당연하다. 인터넷 신문은 빠르고 쉽게 소비되기 때문에 분량이 짧다. 그만큼 깊이 있고 유용한 정보를 찾기 어렵다. 그러나 종이 신문은 같은 뉴스라도 심도 있게 다룬다. 사건 자체를 전하는 것뿐 아니라 이후 전개와 영향, 시사점까지 다양하게 전달해 준다.

종이 신문을 읽는 이점은 그저 더 깊이 있는 정보를 얻는다는 것에 그치지 않는다. 우리가 어떤 것을 읽는 행위는 글의 흐름에 따라 생각하는 것을 동반한다. 그리하여 종이 신문을 읽는 사람은 인터넷 뉴스를 읽을 때는 불가능한, 한 가지 정보를 깊이 있게 파고드는 법과 확장해 생각하는 법 등을 자연스럽게 익히게 된다.

신문 읽기는 지적 수용의 폭을 확장해 주는 최적의 방법이기도 하지만 무엇보다 책 집필, 강연 준비, 회사 업무에서 빛을 발한다. 게다가 요즘처럼―책은 물론이고―종이 신문을 읽지 않는 시대에는 자신만의 차별화 요소로 시도해 볼 만한 일이다. 종이 신문을 읽다 보면 남과 달라지고 있다고 확실히 느낄 수 있다. 경쟁보다는 다름의 차원에서도 종이 신문을 꾸준히 읽는 것을 모두에게 권하고 싶다.

내 가방에는 항상 신문이 있다

평소 구독하는 신문은 총 두 개로, 토요일에는 다른 성향의 신문을 두 개 더 사서 총 네 개를 읽는다. 예전에는 퇴근 후 집에 와서 신문을 읽었는데 대학원 강의를 수강하고부터는 신문을 지하철이나 버스에서 읽는다. 퇴근 후 집중해서 해야 하는 일이 자주 생겨서 신문 읽기처럼 큰 집중력이 필요하지 않은 일은 자투리 시간에 하기로 바꾼 것이다. 그렇게 찾은 시간이 외근을 가고 오는 이동 시간, 그냥 앉아 있자니 지루하고 영양가 없는 연예뉴스를 보자니 아까운 그 시간이 됐다.

다만 오가는 거리가 매번 다르고 신문을 볼 수 있는 시간도 매번 달라지기 때문에 신문을 다 읽지 못하는 일이 종종 생긴다. 그러면 어떻게 하느냐? 다 읽지 못한 신문은 가방에 두었다가 그 다음 날 읽는다. 정말 바쁜 시기에는? 2~3일치 신문을 하루에 몰아 본다.

신문 읽기는 생활처럼 오래 해야 하는 일이라고 생각한다. 그래서 스스로 큰 부담을 주지 않으려고 한다. 그래도 시간이 나면 꺼내 읽을 수 있게 항상 가방에 신문을 넣고 다닌다.

스크랩하는 방법

신문에서 나중에 활용할 만한 정보다 싶은 것들을 많이 발견한다. 해당 부분만 오려서 모으기도 귀찮고 스크랩한 내용을 찾기도 번거로운 게 사실이다. 나는 휴대폰으로 찍어 스크랩한다. 이렇게 모은 것들은 에버노트와 같은 프로그램을 이용해 나시 목석에 맞게 보고서 작성, 강연 준비, 책 집필 등으로 나눠 관리하고 필요할 때마다 파일을 열어 활용한다.

덧붙여 신문 읽는 게 너무 오래 걸린다고 하는 사람들에게 말하고 싶다. 기사 하나하나를 꼼꼼히 읽을 필요는 없다. 신문은 매일 읽는 것이고 중요 이슈는 여러 번 다루기 때문에 관심 있는 뉴스만 꼼꼼히 살피고 그렇지 않은 것은 제목만 보거나 과감하게 건너뛰어도 된다.

다독의 비밀,
책 들고 다니기

사람들은 자기계발이라고 하면 가장 먼저 독서를 시도한다. '올해는 책을 많이 읽어야지!' 그런데 호기롭게 책을 사놓고 며칠 읽다가 관두는 일이 비일비재하다. 한 권을 진득하게 끝까지 읽지 못해 방구석에 사 놓고 읽지 못한 책을 쌓아 두는 사람도 많다. 그런 사람들에게는 다음 방법을 권한다.

집을 나설 때부터 독서 시작

논문 자격시험 준비처럼 특별히 무언가를 집중해서 공부해야 하는 때가 아니면 출퇴근길에 나는 책을 읽는다. 만약 당신이 지하철을 이용해 출근하는 사람이라면 우선 집을 나설 때 손에 책을 들고 나가길 권한다. 이왕이면 스마트폰은 가방 깊숙이 넣고 가는 게 더 좋겠다. 이유는 간단하다. 일단 손에 책이 있으면 가방에 책이 있을 때보다 펼쳐 보게 될 가능성이 크기 때문이다. 눈에 보이지 않는 것보다 눈에 보이고 감촉이 느껴지는 것이 머릿속에 떠올리기 쉽다. 손에 책이 있으면 머릿속에 '책'이, 나아가 '책을 읽어야지'라는 생각을 떠올리기 쉽다.

책을 들고 있게 되면 무의식적으로라도 타인의 시선을 의식해 책을 보게 된다. 일종의 보여 주기 독서라고 할까. 보여 주기라고 하니까 뭔가 불순한 것 같지만 전혀 그렇지 않다. 책 읽기가 좋은 것은 모두 잘 알고 있을 것이다. '책 읽는 사람'으로 보이는 것, 꽤 괜찮은 일이다. 물론 독서는 철저하게 자기 자신을 향한 행위다. 그러나 지하철 같이 타인과 함께 하는 공간에서는 조금이라도 타인이 나를 괜찮은 사람으로 봐주길 바라는 마음이 생긴다. 솔직히 그렇지 않은가. 그런데 신기한 건 남에게 보여 주기 위한 독서를 하다가 책에 빠지게 되고 몰입하게 되는 일이 상당히 많다는 것이다. 시늉하다 보면 자기성찰이라는 본래의 기능을 다하는 독서를 하게 된다.

어떤 책은 전부 읽지 않아도 된다

독서의 목적을 분명히 하는 것도 강조하고 싶다. 왜냐하면 목적에
따라 읽는 속도를 달리해 시간을 절약하거나 더 투자하는 식으로 조
정할 수 있기 때문이다. 예를 들면 나는 집필에 도움이 되는 책을 읽
을 때는 종종 10분 이내로 한 권을 끝내 버리기도 한다.

> 표지를 본다 → 제목과 부제를 본다 → 뒤표지를 본다 → 저자
> 소개를 읽는다 → 머리말을 읽는다 → 맺음말을 본다 → 목차
> 를 훑는다

극단적으로 느껴질 수도 있는 이야기지만 어떤 주장의 근거가 될
만한 사례, 이론 등 자료를 찾는 목적으로 독서를 하는 거라면 충분
히 가능하다.

그 외의 독서에서는 보통 300페이지 정도 분량의 책을 읽는 데 3
시간 정도가 걸린다. 주로 경제경영, 자기계발 관련된 책을 읽는데
사실 한 분야의 책을 오래 읽다 보니 배경 지식이 많아졌다. 그래서
흐름상 짐작되는 내용도 점점 많아진다. 요즘은 3시간도 채 걸리지

않아 한 권을 다 읽고 일주일에 세네 권은 거뜬히 소화할 수 있게 되었다.

책을 다 읽은 후에는 무조건 기록을 남겨야 한다. 아주 간단하게 몇 줄이라도 좋다. 기록하면서 다시 책의 내용을 되새기고 얼마나 소화했는지를 가늠할 수 있다. 필요한 부분을 중심으로 하고 나머지는 스킵하면서 책을 읽으면 내용을 잘 기억하지 못한다고 우려할 수도 있다. 그럴 때도 기록은 도움이 된다. 나는 페이스북에 독서 후기를 적어서 남긴다. 누군가에게 유용한 정보를 준다는 느낌으로 쓰면 저절로 내가 느낀 감상을 두서 있게 정리하게 된다.

많은 책을 읽지 않아도 된다

페이스북에 남긴 독서 후기를 보던 후배 하나가 이렇게 물은 적이 있었다.

"어떻게 그렇게 많이 읽을 수 있어요? 선배님처럼 하면 1년에 100권 정도 읽을 수 있나요?"

왜 책 읽을 생각을 했냐고 되물으니 그가 대답했다.

"뭔가 교양을 쌓을 수 있잖아요."

"무슨 책을 읽으려고?"

"그러게요. 어떤 책을 읽으면 좋을까요?"

뭐라고? 그 질문에 속으로만 뜨악하고 대답하지 못했다. 우선 무조건 책을 많이 읽는다고 교양이 쌓이지 않는다. 수만 권 책을 읽었다고 해서 훌륭한 사람이 되지 않는다. 읽기는 읽었고 그래서 아는 게 많아지면 아예 안 읽은 것보다 낫다. 그렇지만 적어도 '교양'이라고 말할 만큼 내 가치관과 내 의견을 첨예하게 만드는 독서는 일관된 방향이 있어야 한다는 게 내 생각이다.

마구잡이로 읽는 독서는 얕은 지식을 쌓기에는 도움이 되지만 원하는 만큼의 깊이를 얻는 데는 그다지 효과적이지 않다. 왜 책을 읽는지 하다못해 어떤 책을 읽을지 모르겠다면, 우선 막연하게라도 관심 분야의 책을 시작으로 읽어 가길 바란다. 그건 나 자신이 계속 흥미를 가질 분야인지 탐색하는 의미도 있으니 말이다.

일과 공부를
병행하는 법

대학원 입학을 실행에 옮기게 된 계기는 독서 모임에서 만난 선생님
의 권유 때문이었다.

"김 선생님은 (그분은 나를 이렇게 불러 주셨다.) 리더십, 조직 커뮤
니케이션 분야의 책도 쓰셨고 젊은 직장인들 대상으로 관련 강의도
하고 계시니까 HRHuman Resource 대학원에 진학하는 건 어때요?"

그 말을 듣는 순간 대학원 진학이 산발적인 내 고민들을 아우르는
하나의 답이 될 수 있겠다는 생각이 들었다. 일단 뭐라도 하자, 내가

택한 대학원 수업은 토요일에만 진행되니까 업무에는 지장이 없을 것이다, 논문을 쓰는 일도 아직 먼 이야기다, 큰 욕심 없이 대학원 커리큘럼에 따라 출석만 잘하자는 마음으로 시작했다. 하지만 대학원생과 직장인의 생활을 병행하는 선택은 예상했던 것보다 더 어려웠다.

학생들 90퍼센트가 직장인들이었다. 그래도 교수들은 봐주는 거 하나 없이 우리들을 '들들' 볶았다. 직장인들이 많아서 평일에 다니는 것보다는 약간 여유가 있다고 들었는데 아니었다. 내 생활은 마치 수능을 준비하는 고3 수험생처럼 빡빡했다.

확실하게 시간을 구분한다

시간은 한정적인데 해야 할 역할이 하나 더 늘었다. 직장과 대학원, 두 곳에서 모두 제대로 해내기 위해서는 우선 시간을 확실히 구분할 필요가 있었다. 애초에 '대충' 다닌다는 생각부터 잘못이기도 했지만 막상 시작하니 더 깊이 알고 싶다는 흥미도 생겼다. 잘해 보고 싶은 욕심도 생겼다.

평일에는 업무에만 집중하기로 했다. 회사에 다녀와 가족들 얼굴 한 번 보는 것만으로도 하루는 금방이었다. 업무 외 무언가를 한다면 관심 있는 교양서를 읽거나 업무에 있어서 부족하다고 생각했던 부분을 탐색하는 정도만 했다. 하루 8시간 이상을 업무에 집중하고 있으니 나머지 시간에는 나를 풀어 줘도 된다는 생각에서였다. 그러고 나니 내게 남는 시간은 결국 대학원 수업을 듣는 토요일, 가족과 시간을 보내는 일요일이었다.

토요일은 종일 대학원 수업을 들으니 그 외로 낼 수 있는 자투리 시간은 대학원을 오가는 3시간(왕복), 수업이 다 끝난 이후의 시간이었다. (수업 중간에 있는 쉬는 시간, 점심시간은 고정적으로 시간을 사용하기 어려울 것 같아 자유롭게 하기로 했다.) 등굣길에는 지난 수업 내용을 복습, 하굣길에는 그날의 수업 내용을 복습했다. 복습이라고 해봤자 필기한 노트 또는 책을 읽는 정도였다.

수업이 끝난 후 저녁 시간은 평일과 마찬가지로 사용했다. 집으로 바로 귀가하지 않고 근처 카페에 앉아서 과제의 초안을 짰다. 평일에는 집에 가기 전에 1시간 정도 내 공부를 하고 들어가는데 주말에는 그보다는 1시간 더 많게 2시간 정도로 할애했다. 그렇게 토요일은(수업 시간을 제하고) 5시간 정도 대학원 공부에 사용했다.

일요일, 평소 출근 때처럼 아침에 일어난다

평일에 매일 1시간씩, 토요일 5시간만으로는 대학원 수업 내용을 소화하기는 어려웠다. 더 시간을 확보해야 했는데, 대학원생으로 생활할 수 있는 '고정적인 시간'이 일요일 말고는 나오지 않았다.

솔직히 일요일은 끝까지 사수하고 싶었다. 나는 결혼하면서부터 일주일 중 적어도 하루는 온전히 가족들과 시간을 보내기로 맘먹고 실천해 왔기 때문에 더욱 그랬다. 하지만 회사일에 영향 없이 학업을 병행하기 위해서는 일요일 시간을 써야 했다. 최대한 기존 생활에 영향을 주지 않는 선에서 온갖 궁리를 했다.

그렇게 구상한 전략은 첫째, 평소 출근 때처럼 아침에 일어나서 하루를 좀 더 길게 사용하고 둘째, 아이가 클럽 활동을 하는 동안 근처 카페에서 공부를 보충하며 셋째, 아이들이 잠자리에 든 후 내가 자기 전의 시간을 활용하여 마무리 공부를 하는 것이었다.

보통 주말은 해가 중천에 뜰 때 일어나 아침 겸 점심을 먹고 하루를 시작했다. 하지만 나는 평소처럼 6시 30분에 일어나 집 앞 카페로 갔다. 다행스럽게도 이 카페는 주말에도 아침 7시에 문을 연다. 그곳에서 2시간 정도 공부를 한다. 한참 공부하다 보면 아이들로부터 전화가 온다. 그러면 그때 집으로 간다.

일요일마다 아이들이 스포츠클럽 활동을 하는데 특별한 일이 없으면 내가 데려다 준다. 클럽 활동을 마칠 때까지 기다려야 하는 3시간, 그동안 나는 또 근처 카페에 간다. 아침에 이어 다시 공부를 한다. 아이들의 클럽 활동이 끝나 집에 오면 평소처럼 시간을 보낸다. 집에서 TV를 보기도 하고 아이와 근처 공원에 간다. 때에 따라

가족 모두 서점에 간다. 그러다 보면 저녁까지 시간이 금방 간다.

밤 10시가 지나 아이들도 모두 자러 가면 그때 거실에 한 자리 펼쳐 놓고 낮에 했던 공부를 이어서 한다. 이땐 오전과 오후에 했던 공부나 작성하는 리포트를 마무리하는 시간이다. 보통 11시 전후로 끝난다. 이런 방법으로 나는 일요일에만 6시간을 확보해 대학원 공부를 한다. 주말까지 다 하면 총 11시간으로 직장인으로서 낼 수 있는 충분한 시간이라고 생각한다. 학기가 끝나 방학이 되면 대학원 공부에 할애했던 시간은 새로운 도전을 위한 시간으로 사용한다.

확실히 직장인은 평일에 공부할 고정적인 시간을 확보하기 힘들다. 업무도 업무지만 퇴근 후에는 어떤 돌발 상황이 생길지 모르기 때문에 의식하고 계획적으로 시간을 쪼개 사용하지 않으면 무척 힘들다. 그런데 주말만이라도 제대로 사용하면 대학원 수업은 소화할 수 있다. 물론 중간고사나 기말고사 기간에는 다른 전략이 필요하다. 그 전략, 단기간 평일 자투리 시간을 시험 대비에 몽땅 할애하는 방법은 앞 내용을 참고하길 바란다.

언제
책을 쓰냐면

책을 몇 권 출간하고 보니 '쓰는 것 자체'는 그리 어렵지 않다. 그보다 내 이야기를 있는 그대로 솔직히 말할 수 있는 용기가 있느냐가 중요하다. 그리고 그보다 더 중요한 것이 집필에 할애할 시간이 있느냐다. 도대체 언제 쓰는가.

기획 아이디어는 수시로

출간까지는 기획, 집필, 편집의 과정을 거치는데 각 과정에 맞게 시간을 잘 배분해야 한다.

우선 기획 단계다. 출판사에 제안하고 논의하는 과정도 중요하지만 나는 아이디어 구상에 가장 오랜 시간을 할애한다. 무엇을 책으로 이야기할 것인가. 보통은 내 경험에서 비롯되는 것이 많다. 나는 학자나 전문가가 아니고 평범하게 회사를 다니는 직장인이자 한 가정의 가장이기 때문에 오랜 연구보다는 다양한 경험에서 나누고 싶은 이야기를 찾는다.

그렇다고 하루 몇 시간씩 자리에 앉아 책으로 무얼 말할까 몰두하는 것은 아니다. 오히려 지하철에서 책 한 권을 읽다가 문득, 혹은 걷다가 갑자기 아이디어가 튀어나온다. 그래서 기획 아이디어를 떠올리는 시간은 따로 설정하지는 않는다. 다만 직장에 있을 때, 책을 읽을 때, 신문 볼 때 등 일상에서 해보고 싶은 이야기가 떠오르면 그때그때 메모를 한다. 이렇게 메모해 둔 것들로 나중에 초안을 잡는 경우가 많다. 메모가 쌓였다 싶으면 그때 한꺼번에 다시 보고 해볼 만 하겠다 싶은 소재를 다시 정리한다.

이럴 때 도움이 되는 것이 바로 블로그다. 아이디어를 산발적으로 묻어 두기만 하면 쓸모가 없어진다. 그런데 블로그를 활용하면 관련 내용을 글로 쓰면서 정리를 해나갈 수 있다.

나 같은 경우는 소재가 추려지면 아이디어를 정리해 기획서로 만들어 출판사에 (수시로) 보낸다. 요즘은 알고 지내는 편집자에게 먼저 이야기한다. 긍정적인 반응이 오면 주말에 그들의 이동경로를 파악해 시간을 잡고 간단히 논의한다. 그게 몇 개월, 많게는 1년 넘게 걸릴 때도 있다.

기획 아이디어가 편집자와 논의되는 시점부터는 평소 신문을 볼 때나 책을 읽을 때 그리고 대학원 수업에 임하거나 리포트를 쓸 때도 집필에 활용할 만한 내용들을 그때그때 스크랩한다. 기획 아이디어라 해도 기존에 관심 분야와 연구 분야에서 나오는 경우가 많기 때문에 이미 스크랩해 둔 자료에서도 찾는 일이 많다.

여기까지는 따로 시간을 정해 두지 않는다. 그러나 주제에 맞게 대략 이런 흐름으로 구성하면 좋겠다는 윤곽이 그려지거나 스크랩한 내용들이 쌓이면 이때부터는 따로 시간을 내서 정리한다.

보통은 역시 주말, 카페에 있는 아침 시간을 이용한다. 앞서 공개한 내 시간표에서 유동적으로 쓸 수 있는 주말 시간이다. 이때 정리하면서 반드시 해보는 일이 있는데 바로 목차 구성이다. 엉성하게나마 머리말부터 맺음말까지 목차를 만들어 본다. 이 작업이 매우 중요하다. 내가 해당 주제를 이런 흐름으로 이야기하고 싶다고 표현한 것이기 때문이다. 각 목차별로 내가 모아 둔 자료와 이야기들을 어떻게 배치할 것인지도 대략적으로 정해진다. 목차를 만드는 순간부터가 아마 진정한 책 쓰기가 시작된 지점이라고 봐야 할 거다. 이쯤 되면 기획서도 좀 더 체계적으로 완성되는데 이 시점에서 출판사에서 출간하겠다고 하고 계약까지 완료하면 본격적으로 집필을 시작한다.

써야 할 분량에 맞게 시간을 배분한다

이전에는 그렇지 않았지만 대학원 공부를 시작하고 나서는 집필 기간을 보통 대학원 방학에 맞추려고 한다. 대학원 공부를 하면서 책 집필까지 하기는 사실 좀 벅찬 감이 있다. 이 책 역시 방학 기간을 적극 활용했다. 어쨌든 집필을 시작하기로 했다면 이제부터는 시간과의 싸움이다.

우선 써야 할 전체 분량을 일정에 맞게 나눈다. 목차와 이야기 흐름은 대략적으로 결정되었고 그에 맞게 넣어야 할 자료도 모아 둔 상태이기 때문에 생각보다 긴 시간이 걸리지 않는다. 그래서 보통 두 달 안에 초고를 완성하는 것으로 목표를 잡는다. 목표 분량은 보통 A4 용지로 100장이다. 100장을 두 달 안에 쓰려면 하루에 1.5장 정도 써야 한다.(100장/60일)

그 다음 주말 시간을 계산해 본다. 내가 주말에 낼 수 있는 최대

시간이 1일 6시간 정도(아침 시간 2시간+아이가 클럽활동 하는 시간 3시간+저녁 시간 1시간), A4를 기준으로 1~1.5장 쓰는 데 1~1.5시간이 걸리므로 토요일, 일요일 각각 4장씩 총 8장 분량의 글을 쓰기로 한다. 그러면 두 달 주말에만 60장 정도를 쓸 수 있다.(8장×8주)

나머지 40장은 평일에 쓴다. 평일은 회사 업무가 우선이기 때문에 집필 분량을 최소한으로 줄인다. 그래서 매일 1장씩 8주(40일) 동안 쓴다.

한정된 시간을 할애하면서 집필하는 것은 '마감효과' 때문일까. 순간 집중해서 글이 잘 써진다. 다만 이렇게 시간을 배분해서 현명하게 쓰려고 해도 돌발 상황이 종종 발생하는데, 그럴 때는 집필 기간을 다시 산정해 출판사에 양해를 구한다. 책 집필은 나의 개인 사정만 고려할 게 아니라 출판사 작업 일정과도 관계가 있다. 내가 직장에서 중요하게 배운 것 중 하나가 '납기에 맞추는 것'인데 그게 몸에 밴 것일까. 여태 책을 집필하면서 출판사의 독촉을 받아본 적 없다. '왜 이렇게 빨리 주셨어요?'라는 편집자들의 즐거운 투정은 들어봤어도 '작가님, 언제 원고 보내 주실 수 있나요?'라는 말은 들어본 적 없다.

지하철 안이 최고의
공부 공간인 이유

여기까지 읽은 독자라면 내가 주로 활용하는 시간이 지하철이나 버스 안에 있는 시간인 것을 눈치챘을 것이다. 두 번째로는 카페에서의 시간을 즐긴다는 것도 알았을 것이다. 나는 집중해야 할 일이 생기면 적극적으로 카페를 이용한다. 비교적 집중력이 덜 필요한 일은 지하철이나 버스 안에서 처리한다.

약간의 소음은 집중력을 높여 준다

한 연구에 따르면 조용한 사무실보다 약간의 소음이 있는 공간에서 공부하거나 일할 때 집중력이 높아진다고 한다. 자연스러운 소음이 있는 공간에서 보다 심리적 안정을 느낀다는 것이 그 이유다. 귀에 편안하게 들리는 소음을 백색 소음이라고 하는데 비오는 소리, 파도 치는 소리, 바람에 나뭇가지가 스치는 소리 등 자연의 소리부터 카페 소음, 냉장고가 작동하는 소리 등의 환경음도 포함된다. 2년 전 시카고 대학의 연구에 따르면 이 백색소음은 집중력뿐 아니라 창의 성을 높이는 데도 도움을 준다고 한다. 중학생을 대상으로 백색소음 을 들려주었을 때와 그렇지 않을 때를 나누어 영어 단어를 암기하게 했는데 백색소음을 들려주었을 때 기억력이 35퍼센트 향상되었다 고 한다.

나만의 7번방

영화 〈7번방의 선물〉을 보았는가. 천만 명이 넘게 본 영화이니 많은 분들이 보셨으리라 생각한다. 7번방은 주인공 용구가 수감된 곳으 로 용구 자신이 가장 행복해하는 시간, 아이와 함께 있는 공간을 의 미하기도 한다. 어떤 이해관계도 없이 세상의 잣대와는 동떨어진,

순전히 그들의 행복을 위한 공간이다.

행복해지는 시간, 나를 기분 좋게 만드는 공간, 즉 나만의 7번방이 내게는 바로 카페와 지하철 안이다. 공부를 하거나 나만의 시간을 보내기에 여기만 한 곳이 없다. 게다가 카페와 지하철은 집중력을 높여 주는 백색소음도 적절히 있다.

지하철을 생각해 보라. 수많은 타인이 함께 있지만 누구의 방해도 받지 않는 공간이다. 함께 있다고 해도 이해관계가 전혀 없는 사람들이기 때문이다. 카페도 마찬가지다. 게다가 카페는 편한 좌석에 테이블도 있고 맛있는 커피도 마실 수 있다. 차분히 공부를 하거나 책을 읽기에 딱 좋다. 지하철이나 카페는 내 동선 어디에든 있어서 마음만 먹으면 아무 때나 갈 수도 있다.

그러나 주의할 것이 있다. 특히 지하철을 이용할 때는 너무 붐비는 시간은 피해야 한다. 출퇴근길 특정 시간은 지하철 안에서 책을 펼쳐보지도 못할 만큼 붐빌 때가 있다. 계획대로 시간을 쓰지 못하는 것은 둘째치고 출근길에 진이 다 빠질 수도 있다.

그렇다면 좋은 방법이 없을까? 하나 있다. 20~30분만 일찍 집에서 나오는 것이다. 많은 사람들이 9시를 기준으로 움직여서 그런가 출근할 때 9시 도착을 목표로 집을 나서면 30분 일찍 나올 때보다 버스나 지하철 안이 배로 붐빈다. 조금만 일찍 집을 나서면 보다 쾌적한 공간에서 여유로운 시간을 보낼 수 있다. 그보다 더 가능하다면 아침 7~8시 사이에 카페에서 시간을 보내길 추천한다. 그 시간의 카페는 어딜 가도 한적하다. 시간을 보내는 장소로 이만한 곳이 없다.

단 10분이라도 좋다. 확신하건데 단 10분만 집에서 일찍 나오면 보다 여유로운 시간으로 활기차게 하루를 시작할 수 있을 것이다.

공부는 책으로만
할 수 있는 것이 아니다

어테 활자를 읽는 공부 방법만 이야기했다. 그럼 '읽기'를 싫어하는
사람이라면 공부를 할 수 없느냐, 그렇지 않다. 바로 강연 영상과 팟
캐스트가 있다. 자기절제 능력—강연 영상을 보려고 스마트폰을 열
었다가 걸그룹 동영상 보는 것을 자제하는—이 있다면 독서만큼 효
과가 있는 방법이다.

　'부부간의 소통'이라는 특강을 준비할 때였다. 비즈니스 관계의
소통을 주로 강연해 왔기 때문에 새로운 스토리와 자료를 찾던 내게

독서 모임 동료가 〈세바시〉라는 강연 프로그램을 소개해 주었다.

"엊그제 '세바시' 강연을 봤는데 엄청 감동적이었어요."

강연 준비에 도움이 될까 싶어 영상을 찾아봤더니 〈세바시〉란 '세상을 바꾸는 시간 15분'이라는 프로그램의 줄임말이었다. 15분 정도의 시간을 우리는 별 의미 없는 시간이라고 생각한다. 복잡한 도심, 한 번 놓친 버스를 다시 기다리느라 15분을 보낼 때도 흔하니 별 것 아닌 시간일 수도 있다. 하지만 좀 더 보람되게 그 시간을 누릴 수 있는 방법은 없을까. 이 프로그램의 취지가 어쩌면 그 해답을 던져 주고 있는지도 모르겠다. 당신에게 갑자기 15분이라는 시간이 생겼다면 무엇을 할 것인가. 〈세바시〉는 이런 자투리 시간에 다른 사람들의 소중한 경험담 등을 편하게 들을 수 있도록 만든 강연 프로그램이다. 나처럼 시간을 쪼개 쓰길 좋아하는 사람에게 '딱' 이었다. 강연 준비도 그렇지만 〈세바시〉를 보며 자투리 시간을 보내기에 좋겠다 싶었다. 그리고 실제로 큰 도움을 받은 경우가 한두 번이 아니었다.

인생의 멘토를 스마트폰으로 만나다

뚜렷한 목적도 없이 자투리 시간에 게임이나 연예뉴스 외에는 달리 시간을 보낼 게 없다는 사람에게는 〈세바시〉 등의 강연 영상을 적극 추천한다. 우선 재미있다. 대체로 강연자들은 청중들이 지루하게 생각하지 않도록 흥미로운 이야기와 엮어 강의한다. 그리고 어렵지 않다. 해당 주제에 관한 복잡한 이야기를 제한된 시간에 다 풀어내기 위해 핵심만 요약한 내용이라 그렇다. 게다가 강연 주제도 다양하다. 웬만한 내용이 다 있다. '부부 간의 소통'에 관한 강연도 당연히 있었다.

무엇보다도 내가 강연 영상 보기를 추천하는 이유는 강연에는 위기를 극복한 이야기, 자신을 동기부여 해주는 이야기가 많기 때문이다. 인생을 뒤흔든 위기를 노력 끝에 극복한 이야기 등의 영상을 보다 보면 '이렇게 힘든 역경을 겪은 사람도 가능했던 일이다', '더 나은 내가 되고 싶다'라는 생각이 든다. 의지도 북돋아 준다.

직위가 오르고 나이를 먹을수록 귀한 가르침을 얻을 수 있는 기회, 따뜻한 조언을 해줄 만한 사람을 만날 기회가 줄어든다. 경험과 지식이 많고 인생의 조언을 해줄 만한 '멘토' 말이다. 사실 멘토는 학생 때나 필요한 것이라고 생각했다. 그러나 곰곰이 생각해 보면 사회생활을 하면 할수록, 오래한 사람일수록 멘토가 필요한 게 아닐까 싶다. 그런 맥락에서도 강연 보기는 인생의 멘토를 쉽게 만나는 최고의 방법이다. 〈세바시〉 강연을 기준으로 한다면 출근길 한 명, 퇴근길 한 명, 하루 두 명은 거뜬히 만날 수 있다.

〈세바시〉 강연이 아니라도 TED, 각 방송국에서 진행하는 프로그램도 많이 있다. 유튜브나 포털 사이트에서 검색하면 쉽게 찾아볼 수 있다. 〈세바시〉나 TED 같은 경우는 애플리케이션도 제공하고 있으니 더 손쉽게 이용할 수 있다.

팟캐스트로 인문고전을 접하다

몇 년 전까지만 해도 경제경영, 자기계발 분야의 책을 위주로 읽었다. 최근에는 강연과 출간 활동을 시작하면서 인간 심연에 대한 공부가 필요하다는 생각이 들어 인문학, 특히 인문고전을 읽으며 공부하고 있다. 그렇게 하기를 몇 해째, 나는 《카라마조프 가의 형제들》이라는 책을 만났다.

예전에는 인문고전이라고 하면 내게는 너무나 새롭고 방대하며 난해한 분야였기 때문에 독서 모임에 가입해서 다른 사람들의 도움을 얻곤 했다. 하지만 대학원 공부로 참여하지 못하는 일이 잦아지면서 다른 방법을 찾기 시작했다. 그렇게 찾은 것이 바로 '팟캐스트'를 활용하는 것이다.

팟캐스트 중에 〈명로진, 권진영의 고전읽기〉라는 것이 있다. 재미있게 인문고전 한 작품씩을 풀어 설명해 주는 팟캐스트다. 30분에서 길게는 1시간, 두 진행자의 수다를 따라가다 보면 자연스럽게 인문고전 하나가 머릿속에 개괄된다. 성우까지 출연해서 대화체로 읽어 주는데 이게 무척 재미있다. 《카라마조프 가의 형제들》은 세 권으로 되어 있고 총 페이지수가 1,500페이지에 달한다. 평소 같으면 엄두도 못 낼 분량의 책인데 이 팟캐스트를 들으면서 도전했다. 혼자 읽으며 미처 생각하지 못한 것들을 짚어 주는 진행자들의 이야기는 다른 관점으로 작품을 보게 해주고 작품에 대한 관심을 높여 주었다. 특히 팟캐스트는 귀로 듣는 것이라 피곤한 날에는 눈을 감고 들리는 것에만 집중하면 되니까 편했다.

팟캐스트 역시 시사부터 인문고전, 과학, 영화 등 다양한 주제의 방송이 많다. 관심은 있지만 어떻게 시작해야 할지 모르겠고 또 책을 읽자니 부담스럽다면 팟캐스트로 시작하는 것도 좋을 것 같다. 공부를 하거나 책을 읽는 것에 비해 핵심을 잘 정리해 주기 때문에 시간 차원에서도 경제적이다. 물론 해당 분야를 더 깊게 이해하고 체계적인 지식으로 자기 안에 정립하고 싶다면 추후 추가적인 독서를 동반해야만 한다.

모든 일이
잘 풀리는 7분 법칙

매일 아침 나는 카페에 간다. 출근길, 사무실에 들어가기 전 회사 건물 1층에 들러 에스프레소를 한 잔 마신다. 매일 빠지지 않고 가니 아는 척할 만도 한데 아직도 나는 주문만 하고 종업원도 주문만 받는다. 이 시간, 이 공간을 나는 사랑한다. 하루를 힘차게 시작하기 위한 나만의 의식이다.

나만의 통과의례, 커피 타임

일하고 공부하고 강연하고 원고도 쓰면서 계획한 일들을 하기 위해서는 나 자신을 잘 다독이는 것이 필요하다. 그런 방법으로 나는 나에게 커피를 '제공'한다. 2,000원이라고 해도 매일 마시는 거니까 돈이 아깝다고 말하는 사람도 있다. 그렇지만 나 스스로 매일 열심히 살기 위한 연료로 생각하면 전혀 아깝지 않다. 오히려 되묻고 싶다. 스스로에게 2,000원도 투자하지 못하는가? 자신에 대한 예의가 아니지 않을까.

사실 커피를 마시면 속이 좋지 않다. 이유는 잘 모르지만 커피를 마시면 몸이 가렵고 잘 맞지 않는 것도 같다. 그런데 업무 중간에도 나는 종종 커피를 마신다. 커피는 하루를, 어떤 일을 시작하는 의식이기도 하지만 나를 깨우는 의식이기도 하다. 업무를 하다가 집중이 흐트러질 때, 긴 회의로 에너지를 소진했다 싶을 때, 일이 잘 풀리지 않을 때도 할 수 있다는 응원의 의미로 다시 시작하자는 격려의 의미로 커피를 마신다. 그렇게 내 감정과 기분을 전환하려고 한다. 그러면 어지러웠던 마음이 차분해진다. 내가 해야 할 일들에 딱 초점이 맞춰진다.

7분 법칙

커피 타임을 가지는 것처럼 어떤 일을 시작할 때 통과의례처럼 행하는 몇 가지 일들이 있다. 그중 하나가 '7분 법칙'이다. 예를 들면 이렇다. 오늘 출근길에 책을 읽기로 결심했다고 하자. 그러면 지하철을 타러 가는 7분 동안 책을 손에 들고 간다. 또는 외근을 나가는 길에 신문을 읽기로 했다고 하자. 그러면 지하철을 기다리면서 신문을 가방에서 꺼내 손에 들고 서 있는다. 간단히 말하면 내가 하고자 하는 일에 필요한 도구를 '손'으로 옮긴다.

이 법칙은 순전히 집 또는 회사에서 지하철로 걸어가는 시간이 7분이어서 7분 법칙이 된 것이다. 다른 사람이라면 5분, 10분의 법칙도 될 수 있다. 이 법칙은 이동할 때뿐 아니라 다른 시간에도 적용이 가능하다.

오비디우스 《변신 이야기》에 이런 이야기가 있다. "시간은 모든 것을 삼켜버린다." 오랫동안 나는 잘못된 시간에게 삼켜지고 있었다. 잘못된 시간, 바로 스마트폰을 사용하면서 낭비하는 시간이다. 그렇다. 7분 법칙을 고안해 낸 것은 스마트폰에 많은 시간을 썼다는 것을 깨닫고 난 후였다. 확실히 스마트폰이나 TV는 한 번 켜면 다시 끄기가 어려웠다. 그래서 나는 아예 손도 대지 않도록 조치를 취했다. 그 후 내가 해야 할 일과 관련된 물건만 만지기로 결심했다. 근데 생각보다 이 방법이 효과가 좋아서 업무나 공부를 시작하기 전 시간이라면 모두, 그와 관련된 물건을 보고 만지면서 순서나 기한을 떠올리자고 다짐한다. 그렇게 내 손이 잘못된 시간에 닿지 않도록, 너럽혀지지 않도록 매일 이렇게 마음을 다잡는다.

몸과 마음을
다스리는 시간

관심은 관찰로 이어지고 관찰은 사랑으로 바뀐다. 누군가를 사랑하
기 위해서 가장 먼저 하는 것은 관심을 주는 것 혹은 받는 것이다.
관심 없이 사랑은 없다. 사랑이 필요하지 않은 사람에게 관심이란
다른 세상의 일이다. 이쯤에서 물어보자. 당신은 누구에게 관심을
갖고 있는가. 아마 대부분 가까운 사람에게 관심을 갖고 있다고 대
답할 것이다. 부모님, 배우자, 자녀들 그리고 좀 더 나아가 친척, 동
료 등으로 확대될 것이다. 그런데 혹시 자기 자신에게 관심을 갖는

일에는 어떤 노력을 하고 있는가. 나를 생각하는 시간, 과연 있는지 모르겠다.

나를 생각하는 시간

생각해 보면 내 자신이 잘 느껴지는 때는 화가 났을 때이다. 기쁠 때는 잘 모른다. 웃거나 환호하는 순간에는 내가 어떤 상태라는 것을 잘 의식하지 못한다. 그런데 이상하게도 화가 났을 때는 나라는 존재가 잘 느껴진다. 화가 나면 스스로에게 집중이 된다. 가슴이 쿵쿵 뛰면서 손발이 떨리고 머리가 아득해지며 뒷목이 뻐근해지는 등 몸이 반응한다. 기쁨은 잘 느끼지 못하고 그냥 지나치는데 분노에 대해서는 민감하게 반응하는 나, 이러다 보니 내가 자신에게 관심을 가질 때는 오직 화를 낼 때뿐인가 생각하게 된다.

왜 화를 내는가

분노할 일이 많다. 뉴스만 봐도 그렇다. 부조리한 일들이 차고 넘치는 세상이다. 특별히 나와 관계가 없어도 세상 돌아가는 일로 분노할 일이 많다. 거기서 그치면 그만이지만 방송에서 다루는 이야기도 남의 일처럼 여겨지지 않는 일들이 수두룩하다. 정치는 엉망이고 경제는 나아질 기미가 없다. 그런데 나는 나이를 먹고 있고 부양해야 할 가족도 있으며 아픈 곳은 점점 많아진다. 아이들은 점점 자라고 교육비도 만만치 않다. 미래는 불안하다. 별다른 희망도 없어 암울하다. 매일 노력하며 살고 있지만 순간순간 세상에 어떤 것도 기대할 수 없는 시대에 사는 것 같아 우울하다. 그렇게 절망에 빠진다. 예전에는 나 자신의 일에 답답함을 느끼고 화가 났다. 그런데 요즘은 불특정 대상에 대해서도 화가 나고 분노한다.

걸으면서 털어내자! 분노 하나, 근심 하나

의욕을 떨어뜨리는 부정적인 감정을 쫓아내야 한다. 그러려면 정확히 나를 마주하고 관심을 가져야 한다.

그러기 위해서 나는 걷는다. 따로 시간을 내서 나를 마주하는 시간을 가지는 게 아니다. 템플스테이 프로그램이나 동남아로 혼자만의 여행, 순례여행 등 거창한 것보다는 매일 일상에서 실행 가능한 것이 좋다. 그런 점에서 쉽고 간단하게 당장 할 수 있는 걷기는 최고의 방법이다.

편한 워킹화, 땀 배출에 좋은 스포츠웨어를 마련할 필요도 없다. 그저 스마트폰을 가방 깊숙이 넣어 두기만 하면 된다.

언젠가 "앗!" 하고 읽어 내려간 뉴스가 있다.

의학전문기자로 유명한 전 중앙일보 홍혜걸 기자가 '의사들이 말해 주지 않는 건강프리즘'이라는 주제로 이야기한 적이 있다. 홍 기자는 "암만큼 중요하게 관리해야 할 질환이 바로 심혈관질환."이라며 "이를 예방하기 위해서는 자주 걸어라."고 조언했다. 그는 하루 8,000보 이상 걷는 게 아주 좋다면서 격렬한 운동보다는 편하게 30분 이상 걷는 게 오히려 건강에 좋다는 말을 했다. 특히 술을 마시고 오전 1시에 집에 와도 1시간 이상 집 부근에서 걷기 운동을 한다는 그의 말에 참석자들의 감탄이 이어졌다.

거기에서 힌트를 얻어 나도 퇴근할 때 한 정거장 먼저 내려 걷는다. 언제부턴가 지하철이나 버스를 타면 한 정거장 먼저 내리는 게 버릇이 되었다. 야구를 보러 잠실야구장(2호선, 종합운동장역)에 갈 때도 삼성역에서 내려 탄천교를 지나 걷는다. 집(7호선, 반포역)으로 가는 길에는 고속터미널역에서 내려 지하상가를 구경하면서 걷는다. 걸을 때 음악은 최대한 듣지 않는다. 걸으면서 소소한 거리 풍경을 보면서 '그래도 살 만한 세상이다', '모두 열심히 살고 있으니 좋은 날이 올 거다', '어지러운 와중에도 나는 용케 잘 버티고 있다' 등 긍정적인 생각을 떠올리면서 걷는다. 상대와 언쟁을 했거나 일이 잘 풀리지 않은 날에도 걸으면서 기분이 안 좋구나 스스로 다독이며 털어 내려고 노력한다.

　오늘도 바쁜 업무며 이리저리 치이는 사회생활에서 스트레스가 쌓여 기분이 안 좋은가? 퇴근하는 길, 목적지 한 정거장 전에 내려 걸어 보시라. 이렇게 하면 부정적인 마음은 길에 모두 버리고 긍정적인 마음만 남겨둔 채 집으로 들어갈 수 있다. 게다가 홍 기자의 말처럼 건강에도 좋으니 일석이조의 시간을 보내는 셈이다.

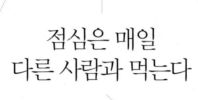

점심은 매일
다른 사람과 먹는다

'식구'食口라고 하면 우리는 가족만 생각한다. 실제로 이 단어의 첫 번째 의미는 '한집에서 함께 살면서 끼니를 같이하는 사람'이다. 그런데 식구라는 뜻에 조직 그리고 구성원의 의미도 포함되어 있음을 아는지 모르겠다. 식구의 두 번째 의미는 바로 '한 조직에 속하여 함께 일하는 사람을 비유적으로 이르는 말'이기도 하다. 사전적 의미로 말이다. 그래서 권하고 싶은 게 있다. 직장인이라면 점심은 가능하면 혼자서 먹지 말라. 저녁은 개인의 시간이니 뭐라고 할 수 없지만 일과 시간 중에 동료들과 함께 밥을 먹을 수 있는 점심시간은 제발 누가 되더라도 함께하라.

생각해 보면 나도 잘 몰랐다. 그래서 가끔은 혼자 편의점에서 컵라면이나 삼각 김밥으로 점심을 해결하기도 했다. 직장생활 초창기 때 종종 그랬던 것 같다. 낯을 가리는 성격이기도 했고 선배들과 밥을 먹는 자리는 업무의 연장 같아서 불편했다. 그렇게 버릇을 들여서 그런지 이후에도 누군가와 함께 밥을 먹는 것이 어색했다. 물론 다른 사람과 늘 부딪히는 일을 하게 되면서 그런 일은 차츰 없어졌지만 조직생활 초창기부터 점심시간을 동료, 선배들과의 적극적인 대화시간으로 삼았으면 더 좋지 않았을까 하는 후회가 든다.

점심시간에 공부를 하는 것도 좋고 낮잠을 자는 것도 좋다. 하지만 특별한 일이 없다면 점심시간은 일단 누군가와 함께 밥을 먹자. 선배와 밥을 먹는다면 너무 사소해서 묻기 애매한 것도 편한 자리에서 물을 수 있다. 뜻밖의 조언도 얻을 수 있다. 때로는 회사 사정이며 업계 동향까지 귀동냥할 수 있다.

하나 더, 점심시간을 이용해 다양한 사람을 만나자. 당신이 사업 1팀 직원이라면 평소에는 같은 팀의 사람들과 밥을 먹더라도 가끔은 사업 2팀의 직원, 혹은 경영관리팀과 같이 밥을 먹으며 시간을 보내라. 뜻밖의 회사 사정, 사업을 보는 다른 관점 등을 들을 수 있다. 인맥을 다양화할 수 있다. 내가 만나고 경험해 본 사람만큼 이해의 폭도 넓힐 수 있다. 그러기 위해 점심시간만큼 좋은 기회가 없다. 자, 오늘부터 당장 실천해 보자. 가장 근처에 있는 다른 팀 동료와 점심 약속을 잡아라. 점심을 누군가와 같이 먹는 일이 많아지면 많아질수록 당신은 회사 소식통이 될 수도 있고 인맥왕이 될 수도 있을 것이다.

하루 30분 독서의 힘

이기적인 남자가 있다. 페이스북 창립자 겸 최고경영자CEO 마크 저커버그. 남들은 페이스북에 빠져 헤어 나오지 못하게 만들고 자신은 유유히 독서를 즐긴다.

오래 전의 일이지만 이런 말을 들은 적이 있다. 죽이고 싶을 만큼 미운 사람이 있으면 경마장에서 마권을 공짜로 사서 주든지, 파친코가 있는 도박장으로 데리고 가라고. 그러면 알아서 그 사람은 스스로를 파멸시킨다고.

마크 저커버그가 바로 그런 사람이다.

2015년 1월 초 그는 자신의 개인 페이스북에 '책을 읽는 사람은 다른 미디어에서 정보를 얻는 사람보다 주제를 깊게 탐구하고 몰입할 수 있다'며 사내 독서토론 모임을 운영하기로 하는 한편 첫 번째 읽어야 할 책까지 선정하며 의욕을 보였다.

나도 뇌섹남이 되고 싶다

똑똑하게 보이는 것이 섹시한 것이다? 최근에는 똑똑하면서 자신만의 확고한 논리를 갖고 있는 남자를 뜻하는 '뇌섹남'(뇌가 섹시한 남자)이 인기를 얻고 있다. 저커버그가 돈과 명예를 가진 '훈남'으로 보이는 이유도 페이스북이라는 엄청난 회사의 지분을 갖고 있다는 것 이외에도 자신의 논리로 세상과 소통하기 위해 노력하는 모습을 보여 주는 뇌섹남이기 때문일 것이다. 배부른 돼지와 배고픈 소크라테스 사이에서 한쪽을 고민하는 보통 사람들과는 달리 그는 배부른 소크라테스가 된 훌륭한 모델이다. 생각해 보면 이런 뇌섹남, 배부른 소크라테스는 저커버그 이외에도 마이크로소프트 창업자인 빌 게이츠, 애플의 전설이며 혁신의 아이콘이었던 고故 스티브 잡스도 있다.

그들은 말한다. 독서야말로 창의력의 원천이라고. 모든 것을 기계, 스마트폰 등이 알아서 찾아 주고 정보를 제공하는 시대일수록 인간의 창조성은 독서를 통해서 키워진다는 말이다. 실제로 저커버그, 잡스 등 우리의 일상을 바꾼 사람들은 없는 시간을 쪼개서라도 반드시 책을 곁에 두었다. 어쩌면 그 실행의 모습이 세상을 바꾼 사람들과 바뀐 세상에서 수동적으로 살아가는 사람의 차이가 아닐까 싶다.

독서를 위한 나만의 규칙 만들기

일상의 작은 변화를 위해서는 노력이 필요하다. 스스로에게 몇 가지 규칙을 주는 것도 괜찮다. 일주일에 하루는 집에서 TV 켜지 않기는 어떤가. 밖에 나갔다가 집에 왔을 때는 손 씻기 전에 5분간 책을 펴고 앉아 있기도 괜찮다. 책을 손에 들고 외출하기, 가방에 무조건 책 한 권 넣고 다니기 등도 좋다. 물론 '책을 읽어야 해!'라고 스스로 부담을 주기보다 나를 위한 평화로운 시간을 가진다는 생각으로 조용히 책을 펼치는 시간을 즐겼으면 한다.

저커버그 역시 자신 나름대로의 독서 규칙을 정했다. 시간이 없었기에 더 체계적인 계획을 고민한 것 같다. 그는 격주로 한 권의 책을 읽겠다는 규칙을 스스로 정했다. 그렇다면 하루에는 어느 정도의 분량을 읽어야 할까. 단행본 한 권을 300페이지라고 하고, 주말을 제외한 주중에만 책을 읽겠다고 가정하면 하루에 30페이지를 읽으면 된다. 하루 30페이지, 많은 것 같지만 복잡한 과학이나 심오한 철학 분야의 책이 아니라면 충분히 읽을 만한 분량이다. 개인적으로 30페이지 정도의 자기계발서를 읽는 데 20분 정도가 걸리니 넉넉하게 하루 30분의 시간으로 충분히 격주(주중 10일)에 책 한 권을 읽을 수 있다. 그리고 그 시간을 통해 자신을 가다듬을 수 있다. 이 정도면 우리도 한 번 도전해 볼만 하지 않은가.

참고로 2015년 1월 2일 그가 자신의 페이스북에 올린 글의 일부를 그대로 아래에 옮긴다. 차분히 읽어 보면서 우리 자신의 시간 관리, 그리고 독서 습관 등에 대해서 확인해 보자.

My challenge for 2015 is to read a new book every other week — with an emphasis on learning about different cultures, beliefs, histories and technologies.

Thank you to all 50,000 of you in our community who gave me suggestions for different challenges. (중략)

I'm excited for my reading challenge. I've found reading books very intellectually fulfilling. Books allow you to fully explore a topic and immerse yourself in a deeper way than most media today. I'm looking forward to shifting more of my media diet towards reading books.

2015년 저는 2주에 한 권 책 읽기에 도전하기로 했습니다. 새로운 문화, 신념, 역사, 기술을 배우려고 합니다.

페이스북으로 새로운 도전을 내게 제안해 준 5만 명이 넘는 여러분, 감사합니다. (앞서 저커버그는 '2015년에 도전할 만한 목표를 찾고 있다, 아이디어를 공유해 달라'는 글을 페이스북에 남겼고 그의 바람대로 5만 7,000개의 댓글이 달렸다.)

(중략) 제게 책 읽기 도전은 무척 설레는 일입니다. 지적으로 충만해질 수 있는 것이니까요. 우리에게 책은 다른 어떤 매체들보다도 한 가지 주제에 매달리고 몰두하게 해줍니다. 게다가 저는 책 읽기를 통해 미디어 다이어트$_{media\ diet}$를 더 많이 실행할 수 있기를 기대하고 있습니다.

'책충', 버락 오바마

버락 오바마 미국 전前대통령은 퇴임 직전 《뉴욕타임스》와 가진 인터뷰에서 8년 동안의 백악관 생활을 버틸 수 있었던 힘을 독서에서 얻었다고 말했다. 그의 말이 흥미롭다.

"각종 보고서와 문건에 압도당했던 뇌의 기어$_{gear}$를 매일 밤 잠들기 전 1시간 동안 독서를 하면서 바꿀 수 있었다"

'텍스트(보고서)를 읽어서 피곤한 뇌를 텍스트(책)를 읽어서 피로를 푼다'니. 진정한 독서광이다. 책이 얼마나 좋은 삶의 도구인지를 알기에 오바마는 자녀들에게도 아낌없이 책을 권한다고 한다. 그는 자신의 두 딸에게 책을 선물하는 것으로 유명한데 퇴임 직전에는 큰딸에게 전자책 '킨들'을 선물하면서 독서를 독려했다고 한다.

소중한 시간을 가장 보람 있게 보내는 것, 여러 가지 방법이 있을 수 있다. 하지만 그중에서도 독서는 최고의 방법 중 하나임을 잊지 말아야 한다. 만약 누군가로부터 벌레라는 말을 들으면 기분이 아주 나쁘다. '~충'으로 불리는 것들이 그것이다. 하지만 벌레라는 이름이 포함되어 있어도 기분 좋은 말이 있다. 바로 책벌레, 이른바 '책충'이다. 당신의 시간을 책으로 도배하기를, 그래서 책충으로, 뇌섹남으로 불리기를 기대한다.

세계 최고 부자의 하루는 종이 신문에서 시작된다

버크셔해서웨이의 CEO이면서 투자의 귀재이자 세계 최고의 갑부인 워런 버핏, 그가 부자가 된 원천은 어디에서 찾을 수 있을까?

　그는 10살도 채 되기 전부터 자신의 아버지 서가에 꽂혀 있던 경제 관련 서적을 읽는 아이였다. 특히 주식과 투자, 창업 등에 관한 책을 중점적으로 읽었다. 10대 초반부터 직접 주식투자를 했다니 놀라울 따름이다. 10대 중반에는 이미 비즈니스와 관련된 책만 수백 권을 읽었다고 한다. 세계 최고의 부자가 된 지금도 독서는 그에게 일상이다. 앉은 자리에서 한 권을 읽는 것도 허다하고 하루에 다섯 권을 읽기도 한다. 이만하면 책이 그를 부자로 만든 무기라고 해도 되지 않을까.

　그의 투자 본능을 일깨우는 또 다른 도구가 있으니 바로 종이 신문이다. 그는 종이 신문 읽기로 하루를 시작한다고 한다. 최고 사양의 노트북이나 스마트폰으로 보는 게 아니라 반드시 종이 신문으로 본다.

지금도 버핏은 늘 책과 신문을 가까이 한다. 책 속에서 뛰어난 처세술은 물론 미래의 꿈을 발견하게 되고 일간신문을 읽으며 세계가 어떻게 돌아가는지 미래의 일을 알 수 있기 때문이다. 버핏뿐만이 아니다. 종이 신문을 선호하는 사람은 또 있다. 바로 세계 최고 부자인 빌 게이츠다. 그는 매일 아침 《월스트리트저널》과 《뉴욕타임스》 등을 꼼꼼히 읽으며 하루를 시작한다고 한다. 그들은 시간이 남아서 신문을 읽는 걸까. 스마트폰이 없어서 신문을 읽는 걸까. 아닐 것이다. 세상에서 그 누구보다도 바쁘게 돈을 버는 사람, 그 누구보다도 많은 정보를 알고 있어야 할 사람이 종이 신문을 읽느라 시간을 보내는 이유에 대해 생각해 볼 때다.

제4장

시간을 주도적으로
사용하라

확실한 응원과
보상

한 달에 한 번 정도 나는 호텔에 간다. 집으로 가는 길, 바로 고속터
미널역에 있는 메리어트 호텔이다. 나를 위로하고 싶거나 응원하고
싶을 때면 퇴근길에 이곳 로비 라운지를 찾는다. 몸이 피곤하다 싶
을 때는 쓰디 쓴 에스프레소를, 허전하다 싶을 때는 시원한 생맥주
한 잔을 마신다. 호텔이라 그런가, 친절한 직원의 서비스에 늘 기분
이 좋아진다. 비싸지 않느냐고? 다음에서 직접 가격을 확인해 보라.

에스프레소 16,000원

생맥주 19,000원

기가 막히지 않은가? 비싸서 기가 막힌다고? 아니다. 그 질문이 아니다. 나를 위한 응원에 필요한 비용이 고작 2만 원도 안 된다는 것이 놀랍지 않은가 하고 묻는 것이다. 생각해 보라. 2만 원이 있다면 당신은 무엇으로 자신을 위로하고 응원할 것인가? 오늘 하루, 이번 한 주 그리고 지난 한 달을 열심히 살아낸 자신을 위해 필요한 돈이 고작 2만 원이라면 괜찮지 않은가. 한 달에 한두 번쯤 호텔리어의 깔끔한 친절과 서비스를 대접받으며 마시는 커피는 자신에게 주는 선물로 결코 아깝지 않다.

이것은 단순히 '커피 한 잔 마시는 것'만을 산 것이 아니다. 호텔 특유의 럭셔리함을 샀고, 호텔 특유의 친절함도 샀으며, 호텔 특유의 깨끗함은 물론 호텔 특유의 향기까지 샀다. 동네 커피숍처럼 떠드는 소리도 덜하고 편한 의자와 고급스러운 탁자가 있다. 설탕조차 고급스럽게 준비된 공간이다. 이 정도면 온전히 혼자 있으면서 나를 다독이는 시간을 갖기에 훌륭하지 않은가.

유용한 장치이자 나만의 진입 장벽

습관적으로 시간을 허투루 사용하는 자신을 깨달았다면 자신의 의지 없음을 한탄하기 전에 자신을 가치 있게 되돌아볼 수 있는 시간을 누릴 장소를 먼저 찾아보자. 그곳은 당신의 가치를 높여 주는 유용한 장치로 보답할 것이다. 커피를 좋아하는가? 평소에 출근길 모닝커피 한 잔 혹은 점심 후의 개운한 커피 한 잔을 즐기는가? 그것도 좋지만 나는 퇴근길에 혼자 마시는 커피를 추천한다. 이것은 하루를 열심히 산 자신에게 주는 보상으로 훌륭하다. 오늘의 피로를 풀어 주면서 내일의 자신을 응원하는 좋은 장치가 된다. 그 효과를 극대화하려면 사람이 바글바글한 커피숍이 아니라 나만의 아지트 같은 곳이어야 한다.

퇴근길, 5성급 호텔 라운지에서 커피 한 잔을 마시는 것. 그것은 세상의 경쟁자들이 지하철에서 스마트폰에 집중하는 사이 나만의 경쟁력을 구축한다는 의미도 담겨 있다. '나만의 진입장벽'barriers to entry을 구축하는 것 말이다. 호텔 라운지에서 '포켓몬고'를 하는 사람은 보지 못했다. '애니팡'에 몰두한 사람도 보지 못했다. 비싼 커피값만큼 사람들 전부 철저히 자신에게 몰두하는 시간을 갖는 경우가 대부분이었다. 나 역시 마찬가지다. 호텔 커피숍에서만큼은 허투루 시간을 쓰지 않는다. 현재를 돌아보고 미래를 계획하는 전진기지로 활용하려고 노력한다. 이런 나를 두고 된장남이라고 할지도 모르겠다. 괜찮다. 적어도 내 시간값에 따르면 이 정도는 괜찮다.

앞서 '시간값'에 대해 이야기했다. 거기서 시간당 얼마를 벌고 있는지, 그것으로 대략적인 자신의 시간값을 계산할 수 있다. 그 계산을 통해 산출된 나의 시간값은 오직 일하거나 무엇인가를 생산하는 시간에만 적용하는 게 아니라 나를 위한 응원의 시간에도 적용된다. 10분, 30분씩 발견해서 쓰는 시간이 24시간 이상이 되면 '한두 시간' 정도에 해당하는 선물을 내게 주는 것이다. 그것이 쌓여 1년 정도 지나면 '몇십 시간'에 해당하는 선물을 한 번씩 준다.

완주에 성공한 나를 위한 선물

당신이 회사원이자 대학원생이자 글을 쓰는 작가라고 해보자. 대학원의 중간고사가 끝났다. 논문 계획서를 마무리했다. 계획한 마감일에 초고를 출판사에 넘겼다. 회사에서 큰 프로젝트를 완료했다. 이럴 때 당신이라면 당신 자신을 위해 어떤 선물을 주고 싶은가.

나는 나에게 해외여행을 선물한다. 주로 일본이나 중국 혹은 동남아로, 지금까지 베트남, 태국, 필리핀, 중국, 일본 등에 다녀왔다. 일정은 간단하다. 길어야 5일이다. 보통 하루만 연차를 내고 금요일 밤에 출발해서 화요일 아침에 돌아오는 일정으로 한다. 짧은 일정이다 보니 계획도 특별한 게 없다. 만약 프로젝트가 걸려 있다면 나는 이 프로젝트가 끝나는 주말에 여행을 미리 계획해 둔다. 그 후 악착같이 프로젝트에 매달린다. '제대로 못하면 못 간다'고 스스로 다짐한다. (실제로 가지 않은 경우도 있었다. 나와의 약속이기 때문에 지키고 싶었다. 저비용항공사의 취소 환불 수수료가 그리도 비싼 것을 몰랐던 건 함정이었지만.) 그러면 또 악착같이 해내려고 힘을 낸다. 곧 내가 누리게 될 자유를 상상하는 것은 진행하는 프로젝트를 완성하게 만드는 원동력이다.

아무것도 하지 않는다

평소에는 30분 단위로 시간을 쪼개서 산다. 그렇지만 나를 위한 선물인 여행에서는 30분 단위로 시간을 쪼개는 일도 30분 안에 무언가를 완수하기 위한 노력도 하지 않는다. 진짜 아무것도 안 한다. 어떤 사람들은 호텔 수영장 옆에 누워 유유자적하며 독서라도 한다고 한다. 나는 독서조차 하지 않는다. 사람들이 오가는 길거리 카페에 앉아 에스프레소 한 잔이나 맥주를 시켜 놓고 1시간이고 2시간이고 가만히 앉아 있다. 사람들을 구경하거나 풍경을 본다. 사람들과 마주치면 마주치는 대로 인사하고 그러다가 이야기라도 하게 되면 가볍게 어울린다. 그러나 대체로는 그냥… 멍 때린다.

여행지에서 우연히 만나는 인연을 기다리지도 않는다. 오히려 인연을 모두 거부한다. 인연을 만드는 일도 에너지가 필요하니까. 수고한 나를 위해 온 여행이니 오로지 휴식만 생각한다.

이렇게 며칠을 내내 아무렇게나 시간이 흘러가도록 두면 매일 시간을 의식하면서 삶을 컨트롤해 온 내가 기특하고 또 그리워진다. 무의미하게 보내는 시간이 계속 되면 내 삶의 주인은 바로 나라는 것의 의미를 깨닫게 된다.

이처럼 매일 노력하는 자신에게 한 번씩 응원하고 보상하는 시간은 반드시 필요하다. 물론 자신을 응원하는 방법은 해외여행 말고도 수없이 많을 것이다. 영화 관람하기, 사우나 하기, 템플스테이 참여하기 등 무궁무진하다. 각자의 선호에 따라 정하길 바란다. 이 보상은 내가 원하는 대로 시간을 주무르며 사는 삶을 더 값지고 기쁘게 만들어 줄 것이다.

시간에 추가 비용을
지불하라

시간을 분배해서 쓰기로 도전했지만 뜻대로 되지 않는 사람, 낭비하는 시간을 찾고 분배하긴 했는데 무엇을 어떻게 해야 할지 모르는 사람에게 또 다른 팁을 이야기하고자 한다. 바로 시간에 추가 비용을 들이는 것이다. 시간을 가치 있게 만들기 위해서 어느 정도의 비용을 투입하는 것이다. 이것은 나를 위한 투자라고 할 수 있다. 이를테면 학원에 다니는 것, 강연회에 참석하는 것, 동호회에서 활동하는 것 등이다. 30분 단위로 시간을 쪼개 대학원 공부도 하고 강연 준비도 하고 책도 쓰면서 일주일에 몇 권씩 책을 읽는 나 역시 즐겨 활용하는 방법이다. 갈피를 잡을 수 없을 때 선택한 대학원 역시 시간과 비용이 좀 더 투입이 되었을 뿐 비슷한 목적으로 사용한 방법이다. 비용이 투자되니 언제나 의식할 수밖에 없었다. 또한 장소와 커리큘럼을 내가 준비하지 않아도 된다는 점에서 비교적 편하고 쉬운 방법이었다.

15만 원짜리 독서 모임

우연히 라디오에서 소설은 실패에 대한 이야기라는 말을 들었다. 그 후 소설을 읽어야겠다고 마음먹었다.

"소설이란 좌절된 꿈과 무너진 사랑에 관한 이야기입니다. 계속 살아야 하는 우리는 소설을 읽으면서 불행과 실패 속에서도 구원을 꿈꾸면서 하루하루 살아가는 사람이 나 혼자가 아니라는 사실을 깨달을 수 있습니다. 이를 통해 힘을 얻을 수 있어요."

그때까지 나는 소설에 전혀 관심이 없었다. 왜 읽는지 읽어야 하는 것인지도 몰랐다. 어떤 소설이 좋은지 재미있는지도 몰랐다. 남들이 재미있다고 하기에 '올해의 노벨문학상 수상작가', '한국인이라면 반드시 읽어야 할 장편대하소설'이라는 책을 몇 번 읽으려고 시도해 본 적도 있었지만 만날 속았(?)다. 내게 소설은 그저 '잠을 부르는 책'인 경우가 많았다. 그 정도로 소설에 대해서는 까막눈이었다. '이번엔 제대로 소설을 알아보자' 단단히 마음을 먹어도 늘 흐지부지 끝났다. 역시 시작을 어디서부터 해야 할지 난감했다. 이미 대학원이다 회사일이다 정신을 쏟는 데가 많아서 소설 읽기에 큰 신경을 쓰고 싶지 않았다. 소설을 알고는 싶지만 쉽게 접근하고 싶은 마음이랄까.

결국 독서 모임에 가입했다. '한국명단편 101 읽기 모임'이라는 곳으로 매일 한국 근현대 단편소설을 한 편씩 읽고 지정된 인터넷모임 게시판에 감상을 남기는 프로그램이었다. 온라인에서 진행되는 것이라 따로 참석하지 않아도 되고 단편소설 정도라면 잘 따라갈 수 있을 것 같았다. 처음에는 15만 원이라는 비용이 큰 것 같아 고민이 되기도 했다. 이 모임은 온라인에서만 이뤄지고 있어 따로 작품에 관한 강의도 없었기에 15만 원이 커 보였다. 그런데 101일이 지나고 유일한 오프라인 모임인 '쫑파티'에서 '완독증'을 받는 과정에서 그런 생각이 싹 사라졌다. 온라인으로 운영되고 있었지만 운영자들은 매일 작품에 대한 정보를 올리고 구성원들의 감상에 대해서도 코멘트하면서 참여자들이 소설을 보는 시각을 넓힐 수 있도록 도움을 주었다. 그 정성과 격려에 나 역시 부응하려고 매일 빠뜨리지 않고 소설 읽기에 동참했다.

따지고 보면 내가 낸 돈은 하루에 101일/15만 원 = 1,485원 정도였다. 만약 혼자 소설 읽기를 도전했다면 얼마 못 가 그만두었을 것이다. 뚜렷한 목표점이 있는 것도 아니었고 평소 좋아하던 분야도 아니었으니 말이다. 하지만 매일 '글을 쓰세요'라는 채찍질이 있고 함께 도전하는 '동료'가 있으니 가능했다. 물론 내가 투자한 비용도 무시할 수 없을 것이다. 돈이 아까워서라도 끝까지 버티고 싶었다.

돈을 주고 시간을 산다

잘 세팅된 프로그램을 수강하는 것은 독학할 때 '배우는 과정' 그 자체의 시행착오를 겪지 않는다는 것이 장점이다. 이미 검증된 커리큘럼을 따라가기만 하면 된다.

완수에 도달하는 데 한 달이면 걸릴 일이 다양한 시행착오로 몇 배로 오래 걸리는 일이 허다하다. 시행착오는 의지를 꺾고 우리를 지치게 만들며 결심을 실천으로 옮기는 것을 방해한다. 우리가 전문가에게 도움을 구하는 건 같은 이유다. 도움을 구하면서 우리는 예상되는 시행착오를 줄이고 목표 실현에 보다 빠르게 도달하게 된다. 그런 맥락에서 보면 내 15만 원은 시행착오가 예상되는 시간을 줄여준 투자였던 셈이다. 이건 용기다. 이 투자가 눈덩이처럼 불어나 이익을 가져올지 아니면 이익은커녕 시간이나 체력만 소비하게 될지는 끝이 오지 않고는 모른다. 분명한 것은 돈을 주고 시간을 사면

증권계좌의 주가를 확인하고 예금통장의 잔고를 확인하듯 내가 쓰는 시간, 내가 하는 행동을 의식하게 된다는 것이다.

장소를 옮기면
집중력이 높아진다

진정한 행복은 목적을 위해 몰입하는 데서 온다는 말이 있다. 몰입은 무엇인가를 해내기 위한 수단으로도 중요하지만 그 자체로도 행복을 느끼게 한다. 몰입을 좌우하는 두 가지 측면이 있는데 하나는 '무엇에' 몰입하는가이고 다른 하나는 '어떻게' 몰입하는가이다.

'무엇에'가 중요한 이유는 쓸데없는 데 집중할 것인가 가치 있는 일에 집중할 것인가의 문제이기 때문이다. 따라서 일의 본질 혹은 무엇을 위한 것인가를 따져보는 것이 중요하다. 그러면 우선순위가 보인다. 우선순위가 확실히 서면 일단 진정한 몰입의 가능성은 절반 성공한 셈이다.

　무엇에 몰입해야 하는지 고민이 끝났는가? 이제는 '어떻게' 몰입할 것인가의 문제가 남는다. 우선순위대로 일을 계획하더라도 빠르게 몰입하고 집중하지 않으면 계획대로 시간을 사용할 수 없다. 30분 동안 책을 읽기로 했는데 책상을 정리하면서 몰입을 위해 예열하는 시간으로 10분 이상 할애해 버리면 계획한 시간의 3분의 1이상을 잃어버리는 것이기 때문이다.

나만의 집중력 발휘법

앞서 나는 책 집필에 주말만 할애한다고 이야기했다. 30분씩 시간을 끊어 사용한다는 사람이 어떻게 주말 시간만 사용해 원고 집필이 가능한지 궁금해하는 사람이 많다. 고도의 집중력을 발휘해야 하는 글쓰기가 정말 30분으로 가능할까.

　30분씩 시간을 배분해서 쓰는 것에 그 비밀이 있다. 우선 나는 한 가지 일에 오래 집중하지 못한다. 30분, 정말 길어도 1시간 정도다. 직장인 사무실에서는 1시간이고 2시간이고 계속 앉아 있지만 완전히 집중하기는 쉽지 않다. 그러니 오로지 스스로 통제해야 하는 시간은 더 어렵다. 그래서 남들 다 노는 주말에 몇 시간씩 계속 앉아서 글을 쓴다는 건 솔직히 불가능하다.

답은 시간을 끊어서 배분하는 것에 있다. 30분씩 또는 1시간씩 말이다. 타이머를 맞춰 두고 알람이 울리면 하던 일을 중단하고 얼마간 쉬었다가 다시 일하는 식이다. 자기절제나 통제가 되는 사람에게는 이것이 먹히는 방법인데 그렇지 않다면 역시 실행이 쉽지 않다. 그래서 나는 더 강력한 방법을 사용한다. 바로 장소를 이동해 버리는 것이다.

세 곳의 카페에 간다, 글을 쓰기 위해서

내 일에 관여할 사람이 없는 장소, 예를 들어 집 근처 카페에서 나는 원고를 집필한다. 에스프레소 한 잔을 주문하고 30분 또는 한 시간으로 타이머를 맞춰 놓는다. 그리고 글을 쓴다. 타이머가 울리고 내가 계획한 시간이 다 지나면? 다른 카페로 장소를 옮긴다. 그리고 다시 시간을 정해 놓고 글을 쓴다. 이를 나는 '에스프레소 글쓰기'라고 부른다.

아메리카노 한 잔으로 몇 시간을 버티면서 공부하는 사람으로 골머리를 앓는다는 카페 사장의 이야기를 들은 적이 있다. 대목인 점심시간에 4인용 탁자를 독차지하고 공부를 하거나 드라마를 보거나 하는 사람들. 사장님들께는 죄송하지만 나 역시 카페에서 노트북을 켜놓고 한 자리를 차지하는 사람이다. 그래도 나름 카페 사장님들의 눈치는 본다. '혼잡한 시간에는 카페에 가지 않기', '4인용 테이블을 혼자 이용하지 않기' 등의 원칙을 세워 카페를 이용한다.

글쓰기만 따지고 보면 최소 세 곳의 카페를 가기 때문에 커피 값으로 적지 않은 돈이 든다. 앞서 시간에 추가비용을 내는 것에 대해 이야기했는데 비슷한 맥락에서 그 정도 비용은 감내한다. 돈이 아까워서라도 악착같이 글을 쓰게 된다. 인터넷에 접속해 프로야구 소식을 한번 볼까 싶다가도 '커피 값이 얼만데…' 하는 생각에 브라우저를 내린다.

카페는 무언가 집중하기에 좋은 장소다. 소설가 정이현 역시 베스트셀러 소설《달콤한 나의 도시》를 카페에서 썼다고 한다. 한 가지에 오래 집중하지 못하는 나는 그 최적의 장소를 여러 곳으로 옮겨다니는 것으로 집중력을 유지하고 있다.

공부해야 하는데 야구는 보고 싶고

이 얘기를 안 할 수 없다. 나는 야구를 좋아한다. 그것도 무지 좋아한다. (LG 트윈스 팬이다.) 야구에 살짝 미쳐 있는 편이라 시즌이 되면 잠실야구장에 자주 간다. 많이 갈 때는 일주일에 두세 번씩 간다. (보통 평일에 갈 때는 8시 전후로 도착하는데 그때쯤이면 5회부터는 볼 수 있다.)

회사일도 해야 하고 대학원 공부도 해야 하고 강연 준비에 책도 써야 하니 이렇게 야구장에 가는 날이 많으면 사실 타격이 크다. 예정된 저녁 시간을 사용할 수 없기 때문이다. 그런데 야구는 절대 포기할 수 없는 즐거움이다. 해야 할 것은 많지만 야구는 봐야겠고… 그래서 고안해 낸 방법이 있다.

우선 외야석으로 간다. 응원도 해야 하고 사람도 많으며 가격도 비싼 내야석은 좋아하지 않는다. 외야석은 가격도 반값이고 사람도 많지 않다. 한가하다. 공부할 자료를 손에 들고 여유 있게 자리를 차지한다. 틈이 나는 대로 공부할 자료를 읽는다. 엉뚱한 소리 같겠지만 실상은 이렇다.

나는 우리 팀이 공격할 때는 재미있지만 수비할 때는 좀이 쑤신다. 멋진 플레이가 나올 때도 있지만 야구의 최고 재미는 공격이라고 생각해 수비할 때는 과감하게 다른 것을 한다. 나의 성장을 위한 자료나 책을 읽는 것이다. 공격할 때는 관람에만 집중하고 수비할 때는 책을 본다. 적어도 몇 페이지 정도는 읽을 수 있다. (일방적으로 밀리는 경우 한 챕터를 읽게 되는 비극도 가끔 일어나긴 한다.)

'A4 한 장을 다 써야 운동장을 볼 수 있다. 다 쓰지 않으면 우리 팀이 공격한다고 해도 절대 고개를 들지 않겠다.'

이런 마음가짐으로 원고 집필도 한다. 세부 수정은 나중에 다듬어야 하지만 해도 대강의 흐름은 곧잘 쓸 수 있다.

포기할 수 없는 즐거움을 누리기 위한 선결 조건으로 '완수'를 설정해 두면 10분, 20분이라는 시간도 최대한 유용하게 쓸 수 있다.

그만두고
싶어지면

"불가능은 없다."

유명한 스포츠용품 회사의 광고 카피다. 볼 때마다 멋진 말이라고 생각한다. 잠재력에는 한계가 없다. 동시에 불가능이라는 말은 '할 수 있지만 하지 않아서 생기는 일'이라고 말하는 것 같아서다.

분명 매 순간 노력하면서 사는 일은 어떻게 보면 너무 쉽고 어떻게 보면 너무 힘든 일이기도 하다. 그런 노력은 매 순간 나에 대해 깨어 있을 때 가능하다. 깨어 있다는 것은 싫든 좋든 나를 받아들이는 것이 가능할 때 지속할 수 있다.

우리는 어떤 노력을 하면 노력한 만큼 결과가 있기를 기대한다. 하지만 매번 기대한 만큼 성과가 있는 것은 아니다. 진전이 없다면 그때의 내 모습은 원하지 않는 모습일 때가 많다. 그런 나를 어느 순간 직면하게 되면 노력하는 것 자체가 싫어진다. 더불어 힘든 일이 되어 버린다.

불가능은 없다는 말은 그럴 때 힘을 준다. 우리에게 불가능한 일은 없고 세상일은 순간에 이뤄지지도 않는다. 지금 비록 지난至難한 때를 보내고 있다고 해도 포기하지 않고 계속하면 뭐든 할 수 있다.

단순하게 몸이 피곤하거나 모든 것이 귀찮아질 때, 세상으로부터 거부당한 것 같은 기분 때문에 10분이고 30분이고 아무것도 노력하기 싫을 때가 있다. 그럴 때 이 말을 떠올리면 좋다. 불가능은 없다. 나는 무엇이든 된다. 우리는 무엇이든 되니까 그냥 한다. '되면 하는 거다.'

중요한 것은 그만두지 않기

좀 더 나은 미래를 살고 싶다는 바람이 있었다. 그렇게 시작해서 대학원에 다니고 책을 쓰고 강연을 하게 된 것은 어떻게든 될 테니 '그냥 했던' 덕이 크다. 그 과정을 천천히 머리에 떠올려 보면 매일 변하는 게 없다. 이럴 거라면 차라리 마음 편히 TV를 보고 게임을 하고 싶다고 생각했던 때도 수없이 많았다. 그렇지만 그만두지만 않으면 미세하게 조금씩 천천히 변할 수 있다는 믿음이 나를 지탱해 주었다.

중요한 것은 그만두지 않는 것이다. 내가 포기하지 않으면 목표가 언제까지나 나를 기다린다. 목표가 먼저 손을 들고 자신의 자리를 내준다. 내가 힘든 만큼 목표도 힘들어 한다. 내가 버티면 목표도 버틴다. '끈질긴 인간이군!'이라고 하면서. 그러니 버텨라. 그만두지 마라. 계속하면 결국 된다. 꾸준히 하는 것만이 목표에 가까워지는 유일한 길이다. 이때 자투리 시간을 이용하는 것이 지치지 않고 오래 지속하는 방법이다.

할 수 있는 만큼만 한다

정신적으로 지친 거라면 위에서처럼 마음을 다시 가다듬는 게 중요하다. 하지만 육체적으로 지친 거라면 다음 사항을 고려해 보길 바란다.

애초에 내가 30분씩 시간을 쓰기로 한 것은 그것밖에 방법이 없기 때문이었다. 고정적으로 쓸 수 있는 시간이 30분 이상인 시간이 많지 않았다.

하지만 그렇게 짧은 시간도 쌓이면 큰 시간이 되는 법이다. 다만 그렇게 흘려보내는 모든 시간을 끌어 모아 놓고 무작정 공부를 운동을 시작했는데 육체적으로 금방 지치는 경우가 있다. 철저히 계획했다고 하지만 실행이 힘들다고 매번 느낀다면 할 수 있는 것보다 무리하고 있다는 신호일 가능성이 있다. 그럴 때는 내가 사용할 수 있는 시간을 다시 점검해 보길 바란다. 고정적으로 쓸 수 있는 시간이라 생각하고 자기계발에 몽땅 할애했으나 스스로 받아들이기엔 과도한 시간일지도 모른다. 내가 할 수 있는 정도를 다시 인지하라. 계획을 재설정하라.

적어도 자신의 본업에 나쁜 영향을 미치지 않도록 해야 한다. 퇴근 후 시간을 모두 공부에 올인했다가 휴식이 부족해 다음날 회사에서 최악의 컨디션이 되는 불상사는 없어야 한다. 적당히 해야 한다. 지금보다 조금 나아지고자 시작한 일이 '지금'을 망치는 사태는 막아야 한다. '적당히'가 답이다. 적당히 하면서도 얼마든지 목표에 다가갈 수 있다. '목표야, 네가 이기나 내가 이기나 해보자'는 생각으로 버티면 반드시 기회는 온다.

책을 쓰게 된 계기는 단순했다. 독서 모임에서 내가 쓴 감상문을 보고 사람들이 이야기해 준 '재미있다'는 말이 시작이었다. 당시에는 큰 욕심이 없었지만 동료들의 말에 '그거 괜찮겠다!' 싶어 작가를 꿈꿨다. 출간되기 어려운 주제다, 심심하다, 네가 쓴 책을 누가 읽겠느냐 등 부정적인 말도 많이 들었다. 지금도 역시 듣는다. 하지만 그 말에 상처받고 그만뒀으면 이 책도 나도 없었을 것이다.

오히려 그런 말에는 "그냥 하고 싶어서 하는 거야, 아니면 말지." 라고 대응한다. 타인의 평가에 너무 민감하게 반응할 필요가 없다. 목표를 향해 달려가는 나는 어떻게든 될 것이다. 아주 미세하게나마 나는 변하고 있다. 그러니 지금 이렇게 그냥 한다. 가끔은 이런 무한 정한 긍정이 오히려 나를 살린다.

행복한 괴롭힘을 즐겨라

엉뚱하게도 내가 늘 강구하는 게 있다. 내가 나를 괴롭히는 방법. 이 말을 들으면 다들 미쳤냐고 할 것이다. 안 그래도 괴로운 일이 많은데 왜 사서 스스로 괴롭히냐고. 그런데 나는 나를 괴롭힌다. 가끔은 누군가에게 돈 내가면서 괴롭혀 달라고 한다. 나를 좀 제대로 괴롭혀 달라고 말이다.

앞서 이야기한 책 모임이 내가 강구해낸 대표적인 방법이다. 101일 동안 하루도 빠지지 않아야 한다는 강제성이 나를 제대로 괴롭혀 줄 것 같아서 택한 것이었다. 마침내 모든 미션을 끝내고 완독증이라는 상을 받았을 때 그 어느 때보다 큰 보람을 느꼈다. 어쩌면 내가 나에게 주는 상에 불과한 것이지만 그 어려운 걸 해냈다, 정말로 해냈다는 기쁨으로 너무나 벅찼고 시원했다.

마음만 좋아졌을까. 삶을 살아감에 있어 의지가 될 만한 이야기를 무지막지할 정도로 많이 만났다. 매일 한 명의 소설가를 만났고 그의 작품을 통해 내가 알지 못했던 세상과 만났다. 세상에는 너무 많은 것들이 있다. 사랑, 증오, 실패, 성공, 가족, 친구, 좌절, 기쁨 등 그 모든 것들 사이에서 인간은 흔들리면서 그럼에도 묵묵히 하루를 산다. 내가 언젠가 겪게 될 수많은 일들을 작품을 통해 미리 들춰보고 지혜를 구할 수 있었다.

힘들었지만 결과적으로 내가 나를 괴롭히는, 좀 더 잘되라고 채찍질하는 '행복한 괴롭힘'이었다고 자부한다. 시간? 뺏기지 않았다. 오히려 자칫하면 어영부영 보내 버릴 수도 있는 시간을 모아 악착같이 쓰게 만들었다. 단편소설을 읽느라 매일 30분씩 할애해야 했지만 그 시간들은 평생 남을 지혜를 주었다고 믿고 있다.

책 감옥에 나를 가둔다

또 다른 '행복한 괴롭힘'을 소개하기 전에 하나 묻고 싶다. 좋아하는 기차가 있는가? (질문이 조금 이상한가?) 나는 용산역과 춘천을 오가는 '청춘열차'를 무척 좋아한다. 1시간 남짓 달리는 도시간 급행열차Inter-city Train eXpress로 'ITX-청춘'이라고도 한다. 살짝 비싼 가격이긴 하지만 깨끗한 실내에 알맞게 빠른 속도 그리고 편안한 승차감은 가벼운 나들이에 제격이다. 가끔 스트레스를 해소하기 위해 나는 이 기차를 타고 '삼나절 여행'을 떠난다. 삼나절 여행? 하루를 오전, 오후 그리고 밤으로 나누었을 때 이 중의 한 부분을 떼어서 여행하는 것을 말한다.

내가 다니는 회사는 청춘열차의 출발점인 용산역과 가깝다. 일찍 퇴근할 수 있는 날이면 나는 용산역으로 향한다. 저녁 7시에 출발하는 용산발 남춘천행 표를 끊고 기차에 올라탄다. 왕복 교통비는 15,000원 남짓, 출발하는 기차역 자판기에서 뽑아 먹는 500원짜리 커피 한 잔과 남춘천역 근처에서 먹는 막국수까지 더하면 2만 원 내외로 다녀오는 여행이다.

내게 청춘열차는 일상에서 혼란스러운 나를 잡아 주는 특효약이다. 다소 바쁘고 정신없던 때가 지나면 날을 잡아 열차를 탄다. 조용히 나를 정비하는 시간을 갖고 싶을 때 퇴근하고 바로 다녀오는 것이다. 주변이 어지럽고 의지가 약해져 있을 때는 퇴근하다가 술 한 잔, TV의 유혹에 금방 넘어가기 쉽기 때문에 내 시간을 고스란히 지키기 위한 나만의 방법으로 활용한다. 열차에 타서 온전히 책을 읽으며 나만의 시간을 갖는다.

이 청춘열차를 '움직이는 나만의 책 감옥'이라고 이름 짓고 싶다. 감옥은 감옥인데 내가 만든 감옥. 나를 위한 시간을 보내면서 진정한 자유를 느끼기 위해 내가 선택한 감옥인 셈이다.

내가 선택한 열차에 올라 내가 선택한 책을 읽고 다른 사람이 아닌 나와 대화를 나눈다는 것. 인생에 이만큼 보배로운 시간이 또 있을까. 살면서 교도소 같은 곳은 절대 가고 싶지 않지만 청춘열차 감옥은 틈틈이 계속 갈 것이다. 이런 감옥, 당신에게도 추천하고 싶다.

망설이는 시간을
없앤다

페이스북 최고경영자인 마크 저커버그의 옷장이 화제를 모은 적이 있다. 2016년 1월에 그가 페이스북에 자신의 옷장 사진을 찍어서 올렸는데 수십 조 자산가의 옷들이라고는 믿기지 않을 정도로 단출했다. 민무늬 회색 반팔 티셔츠 아홉 벌과 짙은 회색의 후드 점퍼 여섯 벌이 전부였다.

이에 대해 저커버그는 "페이스북을 위한 일 말고는 결정해야 할 일의 가짓수를 줄이고 싶기 때문에 똑같은 옷을 입는다."고 말했다.

그의 터틀넥과 슈트 그리고 나의 진회색 바지

마크 저커버그의 옷장을 보며 머리에 떠올린 사람이 한 명 더 있다. 고인이 된 스티브 잡스다. 그는 항상 이세이 미야케의 검은색 터틀넥과 리바이스 청바지 그리고 뉴발란스 운동화를 착용했다. 그 역시 이렇게 말했다.

"날마다 뭘 입을까 걱정할 필요가 없다."

마지막으로 떠올린 사람이 더 있다. 최고의 미국 대통령 중 한 사람으로 평가받는 버락 오바마다. 워낙 얼굴이 잘 생기고 슈트가 잘 어울리는 몸매이기도 하지만 알고 보면 매번 슈트의 색깔이 비슷하다. 푸른색 또는 회색 슈트다. 그는 2012년 한 언론과의 인터뷰에서 이렇게 말했다.

"결정하는 일을 줄이려고 노력 중이다. 뭘 먹을까 뭘 입을까 하는 문제까지 결정하고 싶지 않다. 결정해야 할 사안이 너무 많기 때문이다."

이제 내 얘기를 할 차례가 되었다. 회사원인 나는 가끔 이런 질문을 받는다. '바지, 하나 밖에 없어요?' 그 질문의 이유를 안다. 나는 늘 짙은 회색 바지 하나만 입고 다닌다. 실제로 옷장에는 회색 바지만 주르륵 걸려 있다. 여름에는 얇고 겨울에는 두꺼운 재질의 차이만 있을 뿐이다. 누군가 멋을 낼 줄 모르는 사람이라고 한다면 나는 이렇게 말하겠다.

"내가 해야 할 일 말고는 결정해야 할 일의 가짓수를 줄이고 싶기 때문에 똑같은 바지를 입는다. 한 가지 스타일의 바지로 인해 날마다 뭘 입을까 걱정할 필요가 없다. 결정해야 할 너무 많은 사안이 있는데 뭘 입을까 하는 문제까지 결정하고 싶지 않다."

실행의
단축키

'시작이 반이다'는 말이 있다. 다만 이 말을 해석할 때 유의할 것이 있다. 목표를 세우거나 꿈을 키우는 것을 시작으로 봐서는 안 된다는 것이다. 여기서 시작이란 실행을 일으키는 동작이나 조건이 있을 때를 말한다. 그래야 비로소 제대로 된 시작이라고 할 수 있다.

실행을 보다 쉽게 하는 트리거를 아는가? 자신만의 단축키라고 할까. 미리 설정한 조건이나 동작을 통해 자동적으로 실행에 이르도록 하는 것이다. 예를 들어 보자. 출근하는 지하철 안에서 30분간 책을 읽기로 했다고 치자. 이때 '책을 읽어야지'는 실행의 단축키가 아니다. 시작도 아니다. 그냥 계획일 뿐이다. 시작을 가능하게 만드는 설정이라면 '책을 펼치자'가 정답이다.

"지하철 개찰구를 지날 때 손에 책을 들자."

"지하철에 타면 일단 책을 펴자."

"카페에 가면 노트북을 열어서 글을 먼저 띄우자."

"회사에 출근해서 오늘 긴급하게 처리할 보고서부터 열자."

이렇게 실행의 단축키가 되는 행동들을 설정하는 것이다. 대개 사소하고 간단한 것이다. 그래서 부담 없이 할 수 있다. 일단 그 행동을 하면 다음 행동으로 연결되기가 쉽다.

하나 더, 앞에서도 이야기한 것인데 '하지 말아야 할 것'을 계획하는 것이다. 예를 들면 '취침 전에는 책을 읽겠다'가 아니라 '밤 10시 이후로는 절대 스마트폰을 보지 않겠다'고 정하는 것이다. 이에 따라 계획을 방해하는 요소를 제거하려면 어쨌든 시간을 달리 써야 한다. 그러면 계획에 보다 쉽게 접근할 수 있다.

귀가 직후 3분

집에 들어가면 가장 먼저 무얼 하는가? TV를 켜는가? 노트북을 여는가? 스마트폰의 잠금 패턴을 해제하는가? 이제 다음의 루틴을—

당신이 아이와 아내가 있는 가장이라고 생각하고 예를 든다 ― 당신의 생활에 반영하기를 바란다.

"아내가 있는가? 아내의 눈을 보라. 그리고 책을 펴라."

"아이가 있는가? 아이의 눈을 보라. 그리고 책을 펴라."

집에 들어가서 스마트폰을 켜는 순간, TV를 켜는 순간, 노트북을 부팅하는 순간, '충분했던' 나의 시간은 사라진다. 우리는 습관처럼 바쁘다고 말한다. 너무 바빠서 밥 먹을 시간도 없다고 한다. 밥 먹을 시간도 없는데 책 읽을 시간이 있겠는가? 책 읽을 시간을 확보하는 것은 사치다. 하지만 이는 거짓말이다. 집에 들어가자마자 하는 행동을 가만히 따져 보면 바로 알 수 있다.

대부분의 사람들은 집에 가면 양말도 벗지 않고 손도 씻지 않은 채 스마트폰 충전부터 한다. 노트북도 역시 빠뜨리지 않고 충전한다. 스마트폰과 노트북이 모두 꽂혀 있으니 집에 종일 있던 '완충'된 태블릿 PC를 꺼내든다. 이제 온라인의 세계에서 나만의 필살기, 태블릿 PC를 휘두를 시간이 된 것이다. 신기하다. 온라인의 세계는 왜 그렇게 시간이 빨리 가는 걸까.

세이렌을 아는가. 세이렌은 그리스 신화에 나오는 마녀의 이름으로 신체의 반은 새이고 반은 사람이다. 세이렌은 아름다운 노랫소리로 뱃사람들을 유혹하여 배를 난파시킨다. 호메로스가 쓴 《오디세이아》에도 세이렌이 등장하는데, 배를 타고 집으로 돌아가는 오디

세우스가 세이렌이 활동하는 지역에 다다랐을 때 밀랍으로 선원들의 귀를 틀어막아 그 위험을 벗어나도록 했다는 대목이 나온다.

현대판 세이렌이 바로 스마트폰이고 노트북이며 태블릿 PC다. 그렇다면 우리에겐 귀를 막을 밀랍이 필요하다. 내가 쓰는 방법, 현대판 세이렌으로부터 나를 지키는 밀랍 중의 하나가 '귀가 직후 3분의 단축키'다.

방법은 간단하다. 귀가 후 3분 내에 아무 책이나 들어 독서를 하는 것이다. 스마트폰을 충전하는 행동을 애초에 끊어버리는 것이다. 집에 들어가서 가장 먼저 책을 집어 드는 그 순간부터 당신의 시간은 온전히 당신을 중심으로 흘러가기 시작한다. 귀가하자마자 3분의 시간이 어쩌면 30분보다 길게 느껴질지도 모르겠다. 하지만 곧 익숙해진다. 아이들과 환한 인사를 나누고 아내와 반가운 포옹을 한 후 가장 편한 자리에 앉아 읽고 싶었던, 읽고 있었던 책 한 권을 들고 다만 한 페이지라도 읽어 보길 바란다. 삶을 아름답게 살도록 권유하는 책을 딱 3분만 읽고 다시 사랑하는 아내와 아이들을 향하여 눈을 들어 보라. 나를 달리 생각할 것이고 나 역시 아내와 아이들을 사랑스럽게 볼 수 있을 것이다. 아이들과의 대화는 충실해질 것이며 아내와의 관계는 편해질 것이다. 창밖의 가을바람도 느껴지고 봄의 햇살도 달리 보일 것이다. 이것은 당신이 퇴근해서 한 첫 번째 행동, 스마트폰이나 노트북을 켜지 않고 옷을 갈아입지도 않고 바로 책을 손에 든 그 용기 있는 행동 하나로 이룰 수 있는 일들이다.

'귀가 후 3분 내 독서 시작법'을 시간 도둑으로부터 나를 지키는 방법으로 추천하고 싶다. 지금의 자본주의는 우리가 갖고 있는 24시간을 누가 더 많이 빼앗느냐의 땅 따먹기 아니 시간 따먹기 싸움이라고 한다. 지난 몇 년간 스마트폰은 TV를 제치고 100전 100승의 신화를 기록 중이다. 최근에는 앉아서 스마트폰을 숭배(?)하는 것에 그치지 않고, 걸어 다니면서까지 스마트폰을 경배하는 수준—길거리를 다니며 포켓몬고를 하는 사람들을 보라—에 이르렀다. 카페에 마주 앉은 연인이 말없이 자신의 스마트폰만 들여다보는 모습, 두 손 꼭 붙잡고 거리를 거닐던 연인이 각자 포켓몬을 잡겠다고 이리저리 방황하는 모습은 무서울 정도다. 소설가 김영하는 이런 세태를 다음과 같이 꼬집은 적이 있다.

"어느 소설에서는 부자가 빈자에게 돈을 주고 시간을 산다. 하지만 현실에서는 애플과 삼성이 만든 스마트폰이 공짜로 우리의 시간을 빼앗아 가고 있다."_⟨조선일보⟩

시간도둑으로부터 자신을 지켜라. 자신을 위한 시간에서 시작해서 자신을 위한 시간으로 끝을 맺는 하루가 되었으면 한다. 얼마나 많은 시간동안 책을 읽었는지 누구와 대화를 나누었는지에 대해 고민하지 말자. 그저 나에게 조금이라도 도움이 되는 책을 읽는 그 순간, 나를 사랑하는 사람의 눈을 보며 대화하는 그 순간을 통해 당신을 스마트폰과 태블릿 PC 그리고 노트북에서 뿜어져 나오는 마력의 재물이 되지 않도록 하는 것만으로도 의미는 충분하니 말이다.

최고의 휴식법

오프라 윈프리, 미국의 여성방송인이다. 20년 넘게 낮 시간대 TV토크쇼 시청률 1위를 고수해 온 〈오프라 윈프리 쇼〉의 진행자로 유명하다. 그녀는 미국인들이 뽑은 가장 좋아하는 TV 방송인이고 미국에서 유일한 흑인 억만장자이며 세계에서 가장 영향력 있는 여성이기도 하다. 프로필만 봐도 어마어마한 그녀에게도 습관처럼 매일 하는 것이 있는데 바로 명상이다.

하루 20분, 가만히 앉아 있는 시간

그녀는 명상으로 스트레스를 누그러뜨리고 불안을 잠재운다고 한다. 새로운 아이디어를 내는 데도 도움을 받는다. 명상으로 그런 효과를 본다고 하니 놀라울 따름이다. 그런데 그녀가 명상을 실천하는 방법을 알고 나면 더 놀랍다. 너무 간단하기 때문이다. 하루에 두 번, 20분간 가만히 앉아서 눈을 감고 머릿속을 비우는 게 전부라고 한다.

　최근 미국의 월스트리트에서는 명상이 유행이라고 한다. 대형 헤지펀드 운영자와 증권 중개인들이 운용 실적을 높이고자 두뇌를 단련하는 것으로 명상을 적극적으로 하고 있다. 구글역시 조직 차원에서 '명상 룸'까지 마련할 정도로 명상 프로그램을 적극 지원하고 있다. 우리가 잘 아는 유명인들도 명상을 선호한다. 동양적 선(禪) 사상에 심취했던 스티브 잡스부터 마이클잭슨과 마돈나 같은 톱 가수, 데미 무어, 리처드 기어, 휴 잭맨, 니콜 키드먼 등의 영화배우들도 명상을 꾸준히 실천하고 있다.

　세계를 선도한다는 사람들이 이렇게 명상에 열광하는 이유는 무엇일까. 너무 빠르게 바뀌고 복잡해져 가는 세상을 살아가는 현대인에게 필요한 진정한 휴식은 마음을 고요하게 만드는 것에서 비롯되기 때문이다. 명상을 하면 주위로부터 자유로워지고 온전히 자신에게 주의를 집중해 평온한 상태를 가질 수있다. 또한 명상을 하면 뇌 속의 스트레스 내성 관련 부위가 활발해지고 새로운 배선의 신경회로가 생겨 뇌의 구조를 바꾼다고 한다. 삼겹살에 소주를 마시면서 세상을 향해 저주를 내뱉는 것이 아니라 자신만의 세계 속에서 조용히 나를 돌아보는 명상이 제대로 된 휴식, 진정한 스트레스 해소를 위한 해답이다.

지하철 세 정거장 명상법

자, 이쯤 되면 고민이 생긴다. 명상이 좋아 보이긴 하는데 도대체 어떻게 해야 할까. 전문적인 명상 교육기관에 가서 배우면 좋겠지만 시간도 돈도 따로 내야 하고 어딘가에 참여하기도 어색할 수 있다.

명상 초보자이지만 내가 개인적으로 사용하는 '지하철 세 정거장 명상법'을 여기 소개한다. 이를 참조로 당신만의 명상법을 개발해 보면 좋을 것이다. 간단하다. 아래의 세 단계를 따르면 된다.

1단계 : 지하철 문이 닫히면 눈을 감는다.

2단계 : 다음 정거장까지 심호흡을 한다. 이때 속으로 숫자를 센다. (단, 숫자를 셀 때는 하나, 둘, 셋이라고 세지 말고 숨을 들이마시면서 하나, 하나반, 둘, 둘반, 셋, 셋반으로, 다시 내쉬면서 하나, 하나반, 둘, 둘반, 셋, 셋반으로 해야 심호흡이 제대로 이루어진다.)

3단계 : 지하철 문이 열리면 눈을 뜬다.

세 정거장이면 빠르면 5분, 길어야 10분 내외의 시간이다. 오늘부터 한 번 해보라. 어지러운 마음을 고요하게 만드는 시간으로 출근길, 퇴근길을 가꿀 수 있다. 마음의 최적화를 위해서라도 꼭 한 번 해보길 바란다. 세 정거장이 익숙해지면 점점 정거장 수를 늘리는 것도 좋다. 지하철에서 만나게 되는 각종 불쾌감이나 짜증으로부터 나를 오염시키지 않고 편하게 받아들이게 하는 방법으로도 이것을 적극 추천한다.

코리안 특급, 박찬호의 명상법

명상은 몸과 마음을 수련하는 스트레스 관리 프로그램이다. 단지 눈을 조용히 감고 호흡에 집중하는 것만으로도 세상에 치인 우리의 정체성을 수리하는 효과를 얻을 수 있다. 어려움이 닥쳤을 때 이를 잊고자 마시게 되는 술, 도박 등에 빠지지 않도록 도와주는 해결책이기도 하다.

"명상이 없었다면 난 아마 이 세상에 없었을 수도 있다."고 코리안특급 박찬호는 말했다. 그는 과거 미국 메이저리그 텍사스 레인저스 시절 허리 및 햄스트링 부상으로 저조한 성적을 내자 엄청난 비난을 받았는데 그때 명상을 통해 자신을 되돌아보고 마음을 가다듬을 수 있었다고 했다.

"잘 던질 때는 그토록 칭찬하던 사람들이 마치 원수처럼 비난할 때는 엄청난 배신감으로 다가왔다. 하지만 명상을 시작하며 어려움을 극복할 수 있었다. 명상을 하며 내 자신을 돌아볼 수 있게 됐고 초심을 찾을 수 있었다. 덤덤하게 현실을 받아들여

재기할 수 있었다. 텍사스 때 명상이 없었으면 아마 나는 이 세상에 없었을 수도 있다. 명상을 통해 다시 한 번 나를 찾고 정리하는 시간을 가졌다. 명상은 나와 내가 아닌 것들을 알아차리는 깨어 있는 의식을 갖게 한다. 야구를 통해 내가 성장할 수 있도록 일깨워 줬다."_⟨조선일보⟩

세상으로부터 따뜻한 시선 대신에 차가운 눈총이나 날카로운 비난에 시달리고 있다면 생활에서 바로 해볼 수 있는 명상부터 시작해 보자. 명상을 통해 자신은 물론 세상에 대해서도 좀 더 따뜻하고 맑은 시선으로 바라볼 수 있는 당신이 될 것이라 기대한다.

아인슈타인의 철칙 : 한 번에 하나씩 한다

세계적 과학자인 아인슈타인은 회사에 다니면서 연구를 했다고 한다. 절대적인 시간이 부족했던 그는 하루의 시간을 회사 일, 연구 그리고 가정에서 일 등 3등분으로 나누었다. 그리고 해당 시간에는 그것에만 집중했다고 한다. 그 성과는 우리가 익히 아는 결과물로 나타났다. 그의 시간 관리에는 집중이라는 목표가 있었다. 그는 우리가 흔히 말하는 멀티태스킹을 꿈꾸지 않았다. 오직 '모노태스킹'을 위한 시간 분배만 고민했고 그 분배된 시간 내에서는 한 가지 일만 하는 것을 습관화했다.

한 번에 딱 하나가 아니라 '이것저것 여러 개'를 하려는 순간 우리는 아무것도 못하게 된다. 여러 가지를 한꺼번에 한다는 건 사실 오만이다. 그렇게 진행된 일들은 완결성이 부족할 수밖에 없다. 필연적으로 실수가 잦아지며 이에 따라 스트레스가 쌓인다. 그럼에도 우리는 멀티태스킹의 신화에 빠져 있다. 지금 당장 없애야 할 병폐다.

무슨 일을 시작했다면 그 일을 마칠 때까지 다른 일을 시도하지 말아야 한다. 바쁘더라도 그게 답이다. 1년 동안 생성되는 정보량을 영상으로 환산하면 한 사람이 쉬지 않고 4,700만 년 동안 시청할 수 있는 분량인 시대, 정보폭증의 시대다. 이런 시대일수록 한 번에 하나만을 하겠다는 태도는 우리의 시간을 관리하는 기준으로 매우 중요하다.

MIT 뇌신경학자인 얼 밀러Earl Miller 는 "우리의 뇌는 멀티태스킹을 잘할 수 없도록 만들어졌다. 사람들이 멀티태스킹을 수행할 때 실제로는 단지 한 가지 일에서 다른 일로 매우 빨리 전환할 뿐이다. 그리고 매번 멀티태스킹을 할 때마다 '인식의 비용'이 든다."고 말했다. 그러니 멀티태스킹이란 존재할 수 없음을 깨닫고 지금 흘러가는 시간에 하나씩만 하겠다는 여유 있는 마음을 가지는 것이 필요하다. 이는 집중력과도 직결되는 일이며 생산성과도 긴밀한 관련이 있다.

하루 4시간만 일하는 세계적인 수학자

유명한 수학자인 앙리 푸앵카레Henri Poincare는 하루 두 번에 걸쳐, 즉 오전 10시부터 12시, 오후 5시부터 7시까지만 일했다고 한다. 더 오래 일해 봐야 얻는 게 거의 없다고 생각했기 때문이란다. 집중력이 필요한 저명한 수학자도 자신의 최대 작업량에 대해 확실하게 선을 긋고 작업을 하는데 평범한 우리가 하루에 10시간, 20시간을 자리에 앉아 있다고 과연 능률이 오를까. 오히려 집중해야 할 시간조차 '멍 때리고' 있어 엉망이 되기 쉽다.

시간 관리의 핵심은 그 시간에 무엇을 하느냐이다. 시간을 만들어 내려고 애를 쓰기보다는 소중한 시간에 내가 어떻게 행동하고 있는지를 살펴보는 게 보다 생산적인 시간 관리를 위해 현명한 처사다. 잠을 줄이려고 애쓰기보다 충분한 잠을 자되 깨어 있는 시간에 어떻게 살아갈 것인지를 고민하는 것이 옳은 일이다.

빌 게이츠는 하루에 7시간씩 충분히 자는 것을 고수한다고 한다. 이런 수면 습관을 유지하는 이유는 날카로움과 창의력, 긍정 마인드 등을 유지하는 데 수면 시간이 큰 도움이 되는 것을 알기 때문이다. 깨어 있는 시간에 최선을 다하는 사람이 바로 그다. 알고 보면 깨어 있는 시간을 위해 수면 시간을 아끼지 않는 사람은 많다. 레오나르도 다빈치, 토머스 에디슨 그리고 윈스턴 처칠의 공통점은 무엇일까. 이들은 모두 하루 일과 중

낮잠을 자는 습관이 있었다고 한다. 낮잠은 뇌에 휴식을 줘 생산적인 일을 소화하는데 도움을 줄 뿐만 아니라, 스트레스를 줄여 줘 근육과 인대의 긴장을 풀어 주는 효과도 가지고 있단다. 결과적으로는 깨어 있는 시간에 집중하겠다는 의지가 담긴 행위라고 볼 수 있다.

성공하고 싶다면 지금 이 시간에 단 하나의 일을 해야 한다. 단 하나의 일을 잘해 내기 위해서는 모든 에너지와 정열을 바로 그 시간에 투입할 수 있어야 한다. 필요 없는 것은 머리 속에서 비워 버리고 지금 집중해야 할 '단 하나'를 찾아 '올인'해야 한다.

허핑턴 포스트의 창업자 아리아나 허핑턴Arianna Huffington의 어머니의 일화를 통해 우리가 지금 무엇을 해야 할지 생각해 보며 마무리하기로 한다.

"엄마가 내게 마지막으로 화를 낸 것은 내가 아이들과 대화를 나누면서 편지 봉투를 뜯고 있을 때였다. 엄마는 동시에 여러 가지 일을 하는 행동을 경멸했다. 엄마는 그것이 한순간에 자신의 100퍼센트를 바칠 때만 받을 수 있는 선물, 즉 인생을 놓치는 일이라고 생각했다."

짧고 소중한 우리의 삶을 풍요롭게 하기 위해서라도 지금 이 시간에 충실하도록 하자.

30분도 다룰 수 없다면
원하는 삶을 살 수 없다

어느 날 고민이 있다며 후배 하나가 내게 술 한 잔을 청했다.

"선배, 나 요즘 좀 불안해. 이렇게 살면 안 될 것 같은데 무얼 어떻게 해야 할 지 잘 모르겠어."

후배의 말에 내 가슴이 답답해졌다. 나 역시 수많은 생각으로 밤잠을 설치던 때가 하루 이틀이 아니었으니까. 후배는 말을 이었다.

"선배는 항상 활기찬 느낌이야. 워크-라이프 밸런스도 맞추면서 원하는 대로 척척 잘 살고 있는 거 같아. 나도 그렇게 살고 싶어."

그렇게 내뱉는 후배의 말 뒤에 그가 지금 하고 있는 고민들의 깊이가 적잖게 느껴졌다. 같은 상황이었을 때 나는 어떻게 극복했었는지… 후배와의 만남으로 내 삶을 뒤돌아봤다.

사람들과 이야기를 하다 보면 결국 다 비슷한 고민을 하며 살고 있음을 알게 된다. 현재 다니는 직장을 얼마나 다닐 수 있을지, 미래를 위해 무엇을 준비해야 하는지, 달라지고 싶은데 무얼 해야 할지… 그런 고민 끝에 나오는 대답은 하나다. '자신을 위한 시간'이 필요하다는 점. 단 30분, 아주 적은 시간이라도 잘 다뤄 나를 위해 사용하면 원하는 대로 내 삶을 이끌 수 있다. 이 책에서 말한 시간 사용법이 내게는 '우연'이었다가 '사소한 변화'였고 지금은 '생활'이 되어 버려서 다른 사람에게 이야기할 만한 것인지 알지 못했다. 그러나 후배의 질문으로 이 작은 습관이 내 삶을 새롭게 만들었다는 것을, 나아가 누군가에게 도움이 될 만한 이야기가 될 수 있다는 것을 깨달았다.

그것을 시작으로 이 책이 만들어졌다. 내게 고민을 터놓던 후배에게 더 나은 삶으로 향하는 하나의 방법을 이야기하듯 말이다. 삶을 진지하게 마주하며 스스로 개척할 수 있다고 믿는 사람들에게 이 책이 조금이나마 도움이 되었기를 바란다.

"새는 알에서 나오려고 투쟁한다. 알은 세계이다. 태어나려는 자는 하나의 세계를 깨뜨려야 한다. 새는 신에게 날아간다. 신의 이름은 _____."

헤르만 헤세의 《데미안》에 나온 말이다. 당신이라면 밑줄 친 빈칸에 어떤 단어를 넣겠는가. '새롭게 찾아야 할 그 무엇'이라는 의미를 담는다면 말이다. 나라면 '시간'이라는 단어를 넣을 것이다. 새로운 세계를 찾는 사람에게 시간은 세상 그 무엇보다도 중요한 것이 될 수 있다. 긍정적인 삶을 향한 여정을 떠나려는 모든 이에게 건투를 빌며 이 책을 맺는다.